W0063516

Der Igel

Dr. med. vet. Maartje Schicht-Tinbergen, Berlin

Zweite, überarbeitete Auflage
Mit 25 Abbildungen und 8 Tabellen

VEB Gustav Fischer Verlag Jena · 1989

1. Auflage 1985

Schicht-Tinbergen, Maartje:
Der Igel. – 2., überarb. Aufl. – Jena :
Gustav Fischer Verl., 1989. – 172 S. :
25 Ill., 8 Tab.

ISBN 3-334-00296-9

2. Auflage
Lizenznummer 261 700/131/89
LSV 2979/1369
Illustrationen Klaus-Dieter Kubat, Berlin
Einbandgestaltung Lothar Jähnichen, Dornburg
Lektor Dr. Dr. Roland Itterheim
Hersteller Eva Menzel
Printed in the German Democratic Republic
Gesamtherstellung: Druckhaus Aufwärts, Leipzig III/18/20-0180
Bestellnummer 534 736 6
01600

Inhaltsverzeichnis

Vorwort zur zweiten Auflage

Der Igel ist das am häufigsten in der tierärztlichen Sprechstunde vorgestellte geschützte heimische Tier. Besonders in den letzten Jahren konnte in den Kleintierpraxen eine ständige Zunahme von Igelpatienten registriert werden, so daß es erforderlich wurde, sich in stärkerem Maße als bisher mit Biologie, Ernährung, Unterbringung, Pflege und Krankheiten des Igels zu befassen. Dieses kleine Buch möchte einmal dem Tierarzt Hinweise zur Untersuchung und Behandlung seiner Igelpatienten geben und ihn zum anderen in die Lage versetzen, die Betreuer fachkundig zu beraten. Dem interessierten Laien, der einen nicht winterschlaffähigen Jungigel oder einen aus anderen Gründen pflegebedürftigen Igel aufgenommen hat, soll es bei dieser schönen, jedoch nicht immer leichten Aufgabe helfen, denn häufig ist zwar der gute Wille vorhanden, fehlt aber jegliches Grundwissen über Ernährung und Haltung des kleinen Pfleglings, so daß schließlich alle Mühe umsonst war.

Ratschläge zur Gestaltung einer igelfreundlichen Umgebung weisen auf mögliche Unfall- und Gefahrenquellen hin. In einigen Kapiteln wird der Versuch unternommen, die seit Jahrhunderten von Generation zu Generation weitergegebenen irrigen Vorstellungen über die Lebensweise des Igels zu berichtigen.

Kritische und ergänzende Hinweise nehme ich gern entgegen, denn über Igelkrankheiten ist bisher, abgesehen von den Parasitosen und vielleicht noch der Leptospirose, hier jedoch mehr wegen der Bedeutung als Zoonose, recht wenig bekannt. Ich mußte mich also überwiegend auf meine nicht sehr großen Erfahrungen, gewonnen durch die Betreuung von etwa 1500 Igelpatienten, stützen.

Besonderer Dank gebührt Frau Oberveterinärrat Professor Dr. sc. med. vet. Vera Schmidt für die kritische Durchsicht des Manuskriptes und die immer bereitwillig gegebene Unterstützung bei allen aufgetretenen Schwierigkeiten. Stets gefördert wurde die Arbeit durch Herrn Oberveterinärrat Professor Dr. sc. med. vet. H. Wunderlich.

Außerdem möchte ich an dieser Stelle meiner langjährigen Mitarbeiterin Frau Waltraud Kienert für die stets erwiesene Hilfe, Herrn Diplom-Landwirt R. Meyer für die wertvollen Anregungen und Hinweise, den vielen hier nicht namentlich genannten, in Kleintierpraxen und Instituten tätigen Kolleginnen und Kollegen für ihre hilfsbereite Unterstützung und dem VEB Gustav Fischer Verlag Jena mit seinem Lektor Herrn Dr. Dr. R. Itterheim für das dem Vorhaben entgegengebrachte Interesse und große Verständnis recht herzlich danken.
Nicht zuletzt danke ich meinem Mann, Dipl.-Vet.-Med. W. Schicht, für seine Hilfe sowohl bei der Betreuung der in eigener Obhut befindlichen kranken Igel als auch bei der Literaturbeschaffung, der kritischen Durchsicht mehrerer Kapitel und der Anfertigung des Titelbildes.

Maartje Schicht-Tinbergen

Erklärung der Fachbegriffe

Abszeß: mit Höhlenbildung einhergehende Eiteransammlung im Gewebe
adult: erwachsen
akut: plötzlich auftretend, schnell und heftig verlaufend
Akzeptanz: Aufnahme
Anämie: Blutarmut, Erkrankung infolge Verminderung der Hämoglobin-
menge und der Erythrozytenzahl im Blut
anal: den After betreffend, afterwärts gelegen
Anasarka: stärkere Ansammlung von Gewebsflüssigkeit in den Geweben
Anthelminthikum: Wurmbekämpfungsmittel, Arzneimittel gegen Einge-
weidewürmer
Antibiogramm: Bestimmung der Empfindlichkeit von Mikroorganismen gegenüber Chemotherapeutika
Antibiotika: vorwiegend von Mikroorganismen (z. B. Bakterien, Pilzen) ge-
bildete Stoffe, die das Wachstum anderer Mikroorganismenarten hemmen,
sie schädigen oder abtöten
Anus: After
Aplasie: angeborenes Fehlen eines Organs
Apotropaion: Bild, Gegenstand, auch Wort und Schrift zur vermeintlichen
magischen Abwehr von „bösen" Kräften (Dämonen, Krankheiten, Neid
usw.)
Applikation: Verabreichung von therapeutischen Mitteln (Medikamente
u. a.) oder therapeutischen Maßnahmen (z. B. Rotlicht)
applizieren: Verabreichen eines Arzneimittels
artspezifisch: einer bestimmten Art eigen
Aryballos: altgriechisches Schöpfgefäß mit engeingezogenem Hals und sich
nach unten erweiterndem Bauch
Atelektase: luftleere Lungenpartie
bakteriologisch: die (Erforschung der) Bakterien betreffend
Biotin: Vitamin H
Biotop: natürlicher Lebensraum
Bronchitis: Entzündung der Bronchialschleimhaut
Bronchopneumonie: herdförmige Lungenentzündung
Brunst: Bereitschaft der weiblichen Säugetiere zur Paarung
Cantharidin = giftiger, blasenziehender, hautreizender Stoff, der im Blut
von Weichkäferarten (besonders der Spanischen Fliege) enthalten ist

Carnivoren = Fleischfresser
Chitin: Stützsubstanz im Außenskelett der meisten Gliederfüßer
chronisch: langwierig, langsam verlaufend, schleichend (bei Krankheiten)
Degeneration: Entartung, Rückbildung, Abbau und Verschlechterung (z. B. bei Zellen, Organen)
degenerativ: entartend, rückbildend, abbauend (z. B. bei Organen)
Dermatitis: Hautentzündung
Dezibel: Maßeinheit für die Schallstärke
Diagnostik: Untersuchungsmethodik zur Erkennung einer Krankheit
Digestionstrakt: Verdauungstrakt, Verdauungskanal
Dilatation: Erweiterung, z. B. eines Hohlorgans
dominieren: vorherrschen, überdecken
Ektoparasit: Außenschmarotzer
Ekzem: oberflächliche Hautveränderung
Endoparasit: Innenschmarotzer
Enteritits: Darmentzündung
Eozän: Zeitabschnitt des Alttertiärs (Braunkohlenzeit)
Erythrozyten: rote Blutkörperchen
essentiell: lebensnotwendig, unentbehrlich
Ethnographie: Völkerkunde
Euthanasie: schmerzlose Tötung, meist durch Verabreichung von Betäubungsmitteln
Exitus: Tod, Ausgang, Ende
Exsikkose: Austrocknung des Körpers nach starkem Flüssigkeitsverlust (Durchfall, Erbrechen, Verweigerung oder Unvermögen der Wasseraufnahme)
Extremität: Gliedmaße
Fibrose: starke Bindegewebsvermehrung in Organen oder Geweben
Foetor ex ore: übler Mundgeruch
Gastritis: Magenschleimhautentzündung
genital: zu den Geschlechtsorganen gehörend
Gingivitis: Zahnfleischentzündung
Hämatokrit: Verhältnis des Volumens der roten Blutkörperchen zum Blutplasmavolumen
Hämatologie: Lehre vom Blut und von den Blutkrankheiten
hämorrhagisch: mit Blutung verbunden
Hepatitis: Entzündung der Leber
Histologie: Lehre vom Bau der Gewebe
Histopathologie: Lehre von den krankhaften Veränderungen der Gewebe
homoiotherm: warmblütig
Humerus: Oberarmknochen
Hydrothorax: Flüssigkeitsansammlung in der Brusthöhle
Hypovitaminose: Vitaminmangelkrankheit
Ichneumon: in Nordafrika und Kleinasien beheimatete Schleichkatze
Ikterus: Gelbsucht
Ileus: Darmverschluß

Inappetenz: fehlendes Verlangen nach Nahrung
infaust: unheilbringend, aussichtslos
Infektion: Ansteckung, Übertragung und Eindringen krankheitserregender
  Mikroorganismen in den Organismus
Insektivoren: Insektenfresser
Insektizid: Mittel zur Vernichtung von Insekten
interstitiell: im Zwischengewebe befindlich oder ablaufend (z. B. bei Entzündungen)
Intoxikation: Vergiftung
intraabdominal: innerhalb des Bauchraumes
intraperitoneal: in die Bauchhöhle hinein
intravesikulär: in die Harnblase hinein
intravital: während des Lebens
irreversibel: nicht rückgängig oder rückläufig zu machen
kachektisch: ausgezehrt, abgemagert
karden: Wolle aufrauhen
KM = Körpermasse, Körpergewicht
Konjunktivitis: Bindehautentzündung
konservativ: erhaltend, konservative Behandlung: Therapie ohne operative
  Eingriffe
Kontaktinsektizid: Insektizid, das seine Wirkung durch Berührung (Kontakt)
  mit dem betreffenden Lebewesen entfaltet
koprologische Untersuchung: Kotuntersuchung
Krotonöl: stark lokalreizendes Öl, das bei innerlicher Verabreichung als star-
  kes Abführmittel wirkt
Lactose: Milchzucker
Läsion: Verletzung
latent: verborgen, versteckt
LD = Letaldosis, tödliche Dosis
Letalität: Sterblichkeit
Lethargie: Schlafsucht, starke Schläfrigkeit mit Bewußtseinsstörung
Leukozyten: weiße Blutkörperchen
Leuzismus: Pigmentmangel der Haut und ihrer Anhangsorgane, Augen sind
  normal gefärbt
lokal: örtlich
Lokalanästhesie: örtliche Betäubung
Lokalanästhetikum: Mittel zur lokalen Schmerzausschaltung
Luxation: Verrenkung, Ausrenkung
manifest: offenkundig, in Erscheinung tretend
Mastaba: altägyptischer Grabtypus für hohe Beamte bis in die Zeit des Alten
  Reiches mit flachem, rechteckigem Oberbau (darin vielfach reliefge-
  schmückte Kulträume) und unterirdischen Grabkammern
Mikroorganismen: Sammelbezeichnung für alle nur unter dem Mikroskop
  sichtbaren tierischen und pflanzlichen Kleinlebewesen
Miozän: untere Stufe des Jungtertiärs (Braunkohlenzeit)
MM: Mega-Mega ... = 10^{12}
moribund: sterbend

Myiasis: Madenfraß
Mykose: Pilzerkrankung
Myokard: Muskelschicht des Herzens
Myokarditis: Entzündung des Myokards
Nekrose: örtlicher Gewebstod, das Absterben von Zellen
Nephritis: Nierenentzündung
Nephrose: degenerative Erkrankung der Nieren
Obduktion: Öffnung und Untersuchung eines gestorbenen Menschen oder Tieres
Oligozän: jüngste Stufe des Alttertiärs (Braunkohlenzeit)
Ökologie: Lehre von den Beziehungen zwischen den Lebewesen und ihrer Umwelt
oral: zum Munde gehörig, durch den Mund einzunehmen
Parasit: Schmarotzer
Parenchym: Gesamtheit der für ein Organ spezifischen Gewebe
parenteral: unter Umgehung des Verdauungskanals
pathogen: krankmachend, Eigenschaft eines Erregers, eine Krankheit hervorzurufen
Péan-Klemme: Blutgefäßklemme
Pellets: Futtermittelpreßlinge
Penis: männliches Begattungsorgan
Peribronchitis: Entzündung des Lungengewebes, das die Bronchien umgibt
Perikarditis: Herzbeutelentzündung
per os: durch den Mund verabfolgt
physiologisch: den normalen Lebensvorgängen, der Gesundheit entsprechend
Plazenta: Mutterkuchen, Nachgeburt
Pleistozän: Eiszeitalter, ältere Abteilung des Quartärs
Pneumonie: Lungenentzündung
p. o.: per os, oral
poikilotherm: wechselwarmblütig
Population: Gesamtheit der Tiere oder Pflanzen einer Art in einem begrenzten Gebiet
post infectionem: nach der Infektion
Präputium: Vorhaut
Prognose: Beurteilung des zu erwartenden Krankheitsverlaufs
Prolaps: Vorfall von Organen oder Organteilen durch natürliche oder künstliche Öffnungen
Prophylaxe: Vorbeugung, Verhütung von Krankheiten
Pyelonephritis: Entzündung des Nierenbeckens und des Nierenparenchyms
Pyelozystitis: Entzündung der Harnblase und des Nierenbeckens
Pyometra: eitrige Gebärmutterentzündung
Rachitis: Skelettsystemerkrankung des wachsenden Tieres
Reinfektion: erneute Infektion mit dem gleichen Erreger nach überstandener Krankheit
rektal: über den Mastdarm
Reservoir: Sammelbecken

Resistenz: Widerstandsfähigkeit
Respiration: Atmung
Ruptur: Zerreißung
Saccharose: Rohr- bzw. Rübenzucker
Sakkara: 20 km südlich von Kairo gelegenes Dorf mit dem Gräberfeld der alt-
ägyptischen Hauptstadt Memphis
Sekret: Absonderung, Ausscheidung
Sektion: Schnitteröffnung und fachgerechte Zerlegung gestorbener Lebewe-
sen, meist zur Feststellung der Krankheits- und/oder Todesursache
Septikämie: Überschwemmung des Blutes mit Bakterien und deren Giften
Skarabäus: 1. ein Käfer, der sog. Pillendreher (in Altägypten Symbol des Son-
nengottes) – 2. dessen kunstgewerbliche Nachbildung (als Siegelstein,
Amulett u. ä.)
skaraboid: skarabäusähnlich:
Stigmen: Luftlöcher, Öffnungen der Atmungsorgane von Insekten
subkutan = s. k.: unter die Haut (erfolgend)
Substitution: Ersetzung
Suspension: Aufschwemmung feinster, ungelöster Teilchen in einer Flüssig-
keit
Symptom: Anzeichen, Krankheitszeichen
Synopsis: Zusammenschau, vergleichende Übersicht
synthetisch: künstlich (hergestellt)
Therapie: Gesamtheit der Maßnahmen zur Behandlung einer Krankheit
Toxine: Giftstoffe bakterieller, pflanzlicher oder tierischer Herkunft
Transportwirt: Organismus, der einem Organismus anderer Art zeitweilig als
Transportmittel dient
traumatisch: durch ein Trauma (Gewalteinwirkung) entstanden
Ultraschall: Schallschwingungen mit Frequenzen oberhalb der oberen
menschlichen Hörgrenze von etwa 20 kHz
Ulzera: Geschwüre
Urolithiasis: Auftreten von Harnsteinen in den harnbildenden und -ableiten-
den Organen
Uterus: Gebärmutter
vegetarisch: pflanzlich ernährt
vesikulär: bläschenartig
Xerophthalmie: Austrocknung des den Augapfel nach außen abdeckenden
Epithels
Zestoden: Bandwürmer
Zoonose: vom Tier auf den Menschen übertragbare Krankheit
Zwischenwirt: Organismus, der den Parasit nach Vermehrung bzw. Reifung
und Generationswechsel weiterverbreitet
Zyste: Hohlraum mit flüssigem oder breiigem Inhalt
Zystitis: Harnblasenentzündung

Der Igel in Aberglaube, Märchen und Dichtung

Es gibt sicher nur wenige einheimische Wildtiere, die sich so ungeteilter Beliebtheit erfreuen wie der Igel. Schon seine ganze äußere Erscheinung – die schwarzen, etwas vorstehenden Knopfaugen, die immer feuchte und bewegliche Nase, die ziemlich kurzen Beine und das Stachelkleid – erweckt Interesse und freundschaftliche Gefühle. Dazu kommt noch, daß der Igel im Gegensatz zu vielen anderen wildlebenden Tieren meist nicht wegläuft, wenn er entdeckt wird. Er rollt sich bloß ein und das auch selten für längere Zeit, so daß er in der Freiheit gut zu beobachten ist.

Obwohl in den Parks und anderen Grünanlagen einer Großstadt häufig Igel gefunden werden, gibt es doch nicht selten Menschen, die noch nie einen Igel gesehen haben. Um so größer ist dann die Freude, wenn sich solch ein stachliger kleiner Kerl im tierärztlichen Wartezimmer befindet. Die Anwesenden haben meist viele Fragen an den Betreuer des Tieres, möchten sich den Igel einmal ansehen und am liebsten auch prüfen, ob er wirklich gar so stachlig ist.

Aber ist auch die Sympathie für den Igel groß, das Wissen über ihn ist leider gering. Viele seit Jahrhunderten überlieferte Ungereimtheiten spuken noch in den Köpfen mancher unserer Mitmenschen herum. So halten die meisten den Igel für einen hervorragenden Mäusejäger und sind auch fest davon überzeugt, daß er zur Bevorratung Äpfel und anderes Obst auf seinen Stacheln ins Nest transportiert (Abb. 1). Die falsche, aber weit verbreitete Vorstellung, daß der Igel unbedingt Milch trinken muß, hat schon manchen Pflegling schwer erkranken lassen oder ihm gar das Leben gekostet.

Andere phantastische Geschichten, in denen der Igel beschuldigt wird, den Kühen die Milch direkt aus dem Euter zu saugen oder ganze Hühnerbestände auszurotten, werden glücklicherweise kaum noch für glaubwürdig befunden.

Brehm (1890) berichtet, daß ein Hühnerzüchter, dem in der Nacht 15 Hühner umgebracht wurden, rings um den Stall Tellereisen legte.

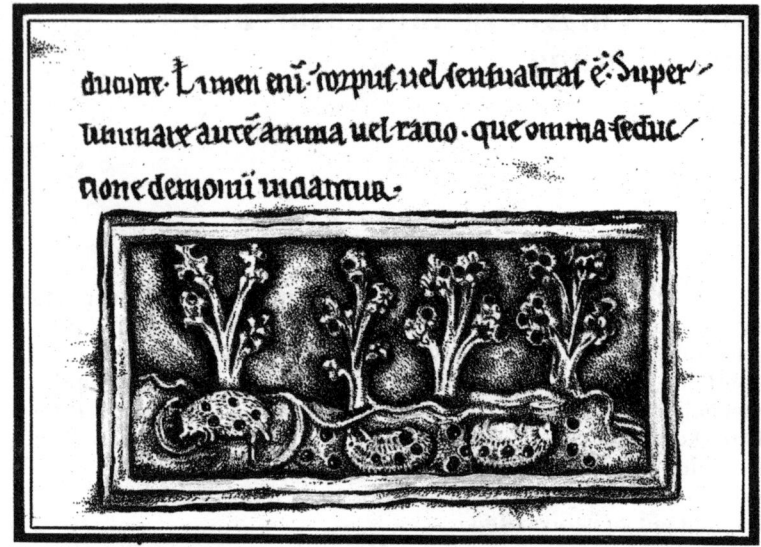

Abb. 1. Ältere Darstellung eines Igels mit Obsttransport auf dem Rücken.

Als man nun am folgenden Morgen 3 Igel in den Fallen fand, wurde
diesen die Missetat, sicher das Werk eines Marders, zur Last gelegt.
Man sollte sich aber nicht zu sehr über diesen noch immer festverwur-
zelten Aberglauben wundern, stritten sich doch namhafte Wissen-
schaftler jahrzehntelang über Probleme des Mäusefangens und Obst-
transportes durch den Igel.
Erst die bahnbrechenden Arbeiten von Herter auf dem Gebiet der
Igelforschung und die Versuche von Wahlström (1933, 1935) schaff-
ten Klarheit.
Herter (1938) schreibt hierzu: „Nach den Ergebnissen unserer Versuche sind sowohl Wahlström als auch ich zu der Überzeugung gelangt,
daß die Igel gesunde erwachsene Mäuse im Freien oder in größeren
geschlossenen Räumen im allgemeinen nicht fangen können. Durch
für den Igel besonders günstige und für die Mäuse ungünstige Umstände kann es einem Igel zufällig mal gelingen, auch dort eine Maus
zu erwischen, doch ist dies sicher nicht die Regel."
Lienhardt (1979) teilt noch ergänzend mit: „Meine jahrelangen Beobachtungen haben ergeben, daß nicht mal Äußerungen zutreffen,

nach denen der Igel Jungmäuse fängt und Mäusenester mit Jungen ausgräbt. Zu beidem ist er nicht fähig. Nur tot ausgelegte Mäuse wurden größtenteils gefressen und, wenn sie noch jung waren, vollständig aufgefressen. An die tief im Boden befindlichen Mäusenester kann ein Igel nicht gelangen. Einzig wenn ich Mäusenester freilegte und der Igel beim Vorbeilaufen auf die Nestjungen stieß, fraß er alle auf."

Über den Transport von Obst auf den Stacheln berichtet Herter (1938): „Es ist leicht, sich davon zu überzeugen, wie schwer es ist, eine Frucht – etwa eine mittelgroße Birne – einem Igel auf die Stacheln zu spießen, ohne daß sie sofort wieder bei der Bewegung des Tieres abfällt. Auch wenn man einen zusammengerollten Igel, der seine Stacheln steif aufgestellt hat, mit dem Rücken auf am Boden liegende Birnen stößt, haften die Früchte erst, wenn man Kräfte anwendet, die das Tier selbst beim Wälzen kaum aufbringen kann."

Sollte allerdings ein angefaulter Apfel vom Baum herab auf den Rükken unseres Stacheltieres fallen, wäre es durchaus möglich, daß er mit den Resten so lange umherläuft, bis sie von selbst abfallen.

In den aus längst vergangener Zeit überlieferten Märchen wird der Igel als sympathischer, pfiffiger Geselle dargestellt. Die Brüder Grimm und Ludwig Bechstein sammelten und erzählten: „Der Hase und der Igel" und „Hans mein Igel".

Im Wettlauf mit dem Igel stürzt der prahlerische Hase, nachdem er 74mal „Ick bün all hier" hören mußte, tot zu Boden. Der Igel aber gewinnt durch seine List „'n golden Lujedor (Louisdor) un 'n Buddel Branwien."

„Hans mein Igel" reitet auf einem beschlagenen Gockelhahn, spielt auf dem Dudelsack und hütet die Esel und Schweine seines Vaters. Zum Lohn für seine Hilfsbereitschaft bekommt er die wunderschöne Königstochter zur Frau und erhält eine menschliche Gestalt.

In der Dichtkunst kommt der Igel ebenfalls nicht zu kurz. Das älteste mir bekannte Gedicht ist enthalten in der „Griechischen Anthologie" des Konstantinos Kephalas (um 900 in Konstantinopel). Es handelt sich um ein Weiheepigramm, der Dichter ist unbekannt:

„Weintrauben trug der Igel auf seinem Rücken. Komaulos
   sah ihn am Trockenplatz und schlug auf der Stelle ihn tot,
ließ ihn trocknen und hängte den Dieb der Dionysosgaben
   für Dionysos auf, der ja den reinen Wein schätzt."

Christian Morgensterns „Igel und Agel" hat auch eine Igeltragödie zum Inhalt, d. h. mehr eine Liebestragödie. Die letzte Strophe lautet:

Das Tier verblies sein Flötenhemd . . .
„Wie siehst du aus so furchtbar fremd!?"
Schalmeiala, schalmeialü –.
Feins Agel ging zum Nachbar, ach!
Den Igel aber hat der Bach
zum Weiher fortgeschwemmt.
Wigula wagula
waguleia wü
tü tü . . .

Nicht minder bekannt ist „Bewaffneter Friede" von Wilhelm Busch. Hier läßt sich der Igel vom listigen Fuchs nicht das Fell über die Ohren ziehen, und zwar im doppelten Sinne:

Ganz unverhofft an einem Hügel
sind sich begegnet Fuchs und Igel.
„Halt", rief der Fuchs, „du Bösewicht!
Kennst du des Königs Order nicht?
Ist nicht der Friede längst verkündigt,
und weißt du nicht, daß jeder sündigt,
der immer noch gerüstet geht?
Im Namen seiner Majestät,
geh her und übergib dein Fell."
Der Igel sprach: „Nur nicht so schnell.
Laß dir erst deine Zähne brechen,
dann wollen wir uns weiter sprechen!"
Und allsogleich macht er sich rund
schließt seinen dichten Stachelbund
und trotzt getrost der ganzen Welt,
bewaffnet, doch als Friedensheld.

Der Igel in der künstlerischen Darstellung

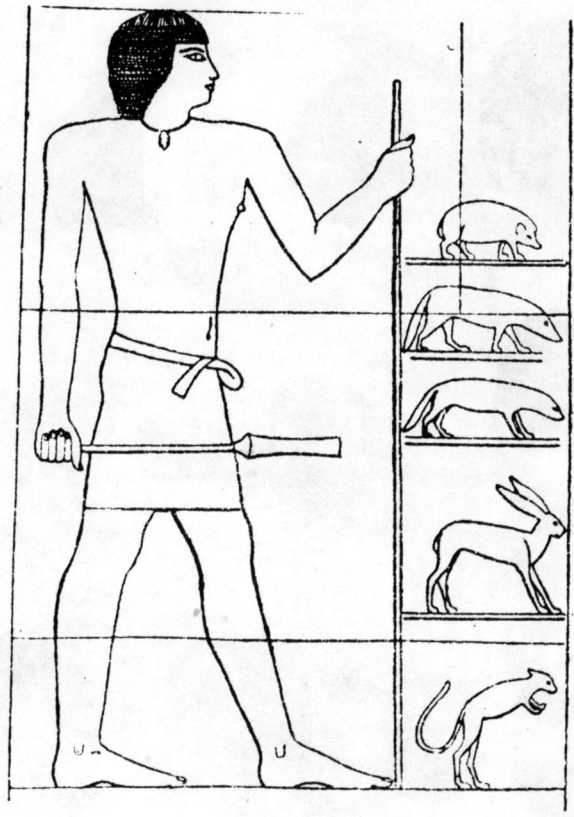

Abb. 2. Reproduktion einer Darstellung aus dem Grab des Meten (Umzeichnung). Nach Vera von Droste zu Hülshoff, „Der Igel im alten Ägypten", in: Hildesheimer Ägyptologische Beiträge 11, Abb. 7, S. 60, Hildesheim 1980.

Die ersten uns bekannten Darstellungen des Igels stammen aus dem alten Ägypten. Ausführlich berichtet hierüber von Droste zu Hülshoff (1980) in ihrer Arbeit: „Der Igel im alten Ägypten". Die früheste

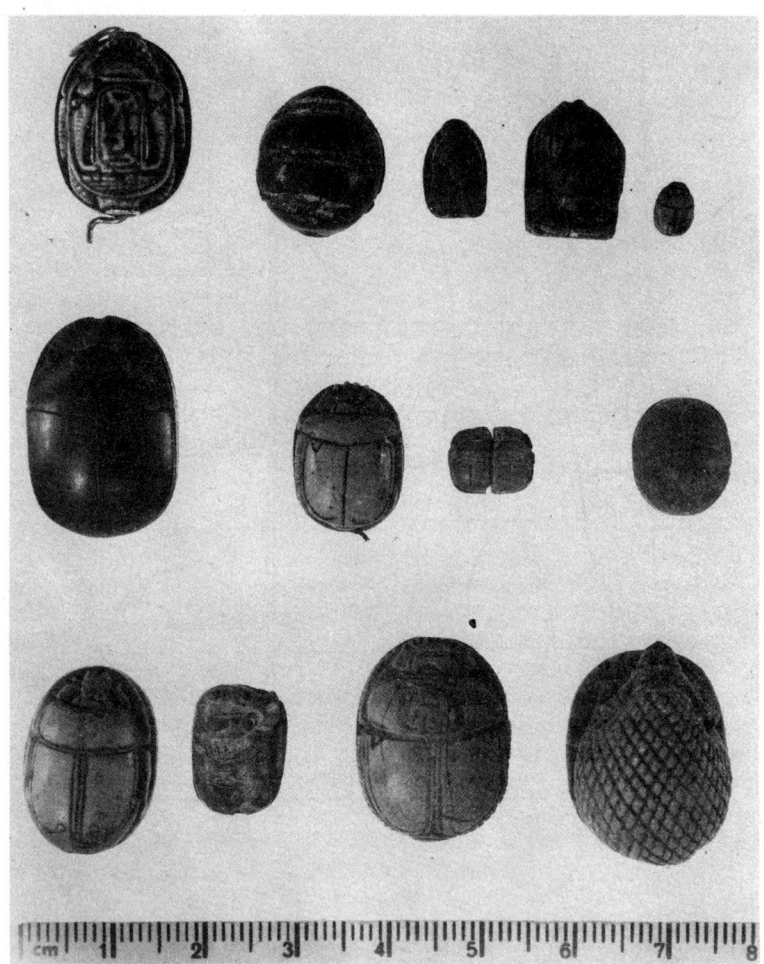

Abb. 3. Siegel in Igelform (vermutlich Amulett). a Oberseite, b Unterseite (auf der Basisplatte steht in Hieroglyphen die Bitte an die Katzengöttin Bastet:

Darstellung befindet sich auf einem Tongefäß aus der Negade-Epoche (3600–3200 v. u. Z.). Das Ägyptische Museum der Staatlichen Museen zu Berlin besitzt die wahrscheinlich älteste überlieferte Ab-

„Bastet möge das Gute geben.“). Staatliche Museen zu Berlin, Ägyptisches Museum.

Abb. 4 Fayence-Igel. Ägyptisches Museum Berlin (Staatliche Museen Preu-
ßischer Kulturbesitz)

bildung eines Igels auf einer Jagddarstellung (Abb. 2). Es handelt
sich um ein Relief aus einem Mastaba von Sakkara. Abgebildet ist
Meten, der Grabherr, zu seinen Lebzeiten Verwalter mehrerer Gaue
des Deltas, Hohepriester von Letopolis, Oberjägermeister des Königs und Arzt. Vor ihm stehen, vertikal angeordnet, 5 kleine Wüsten-
tiere: zu oberst ein Igel, gefolgt von einem Ichneumon, einem Erdfer-
kel (?), einem Hasen und einer Wüstenspringmaus. Diese Darstellung stammt aus der frühen 4. Dynastie (etwa 2550 v. u. Z.), der Zeit
des Pharaonen Snofru.
Auf anderen Grabreliefs schmücken Igelköpfe den Bug der Schiffe,
mit denen die Toten ihre Fahrten unternehmen sollten. Gefäße,
Statuetten, Gefäßrasseln, Amulette (Abb. 3) und Skaraboiden in
Igelgestalt fanden sich ebenfalls als Grabbeigaben. Besonders den
Amuletten und Skaraboiden wurde eine apotropäische Funktion zugesprochen. Die Gefäße bestehen überwiegend aus Ton, seltener aus
Fayence, Stein oder Bronze. Die häufig vorkommenden Igel-Arybal-
loi dienten u. a. der Aufbewahrung von Kosmetika. Meist bestehen
sie aus grünglasierter Fayence und sind mit braunen Flecken verse-

Abb. 5. Igel auf Rädern, Spielzeug aus einem Grab bei Susa. Louvre, Paris.

hen. Aus der Farbgebung der Darstellung könnte auf eine besondere Bedeutung des Igels im alten Ägypten geschlossen werden. Bevorzugt wurden die Farben Blau und Grün, wobei das Blau als Farbe des Gottes und das Grün als Farbe der Fruchtbarkeit galt.

Ein mit besonderer Sorgfalt angefertigter Igel aus türkisblau glasierter Fayence (Mittleres Reich, um 1900 v. u. Z.) befindet sich im Ägyptischen Museum Berlin (West) – Abb. 4.

Zum Spielzeug der Kinder im klassischen Altertum gehörten Klappern in Tiergestalt. Sehr beliebt waren Nachbildungen von Fröschen, Fischen und Igeln. Die ersten uns bekannten Spielzeugtiere auf Rädern und mit einer Schnur zum Ziehen wurden in einem Tempel in Susa (Persien) gefunden (Abb. 5). Es handelt sich um einen Igel und einen Löwen, beide aus buntbemaltem Kalkstein, etwa 3000 Jahre alt. Sie befinden sich jetzt im Louvre (Paris).

Wird der Igel im alten Ägypten noch mit einem Beutetier, z. B. einer Heuschrecke im Maul dargestellt, ein Beweis für die Beobachtungsgabe der Ägypter, beschränken sich die Abbildungen in späteren Jahrhunderten, auch in bedeutenden naturwissenschaftlichen Werken, fast ausschließlich auf den obsttransportierenden Igel. Diese

Fehlinformation schleppt sich bis zum heutigen Tage weiter und trägt nicht gerade dazu bei, das oft sowieso mangelhafte Wissen über den Igel auf einen etwas günstigeren Stand zu bringen. Ob als Illustrationen im Kinderbuch oder als Zeichnung in Zeitschriften, eine Igelabbildung ist anscheinend nur dann vollständig, wenn das Tier mit Obst auf den Stacheln dargestellt wird. Igelplastiken aus den verschiedensten Materialien wie Porzellan, Keramik, Bernstein, Holz, Metall, Glas, ja sogar aus Edelstein kann man in den letzten Jahrzehnten in den meisten europäischen Ländern sehen und auch erwerben. Wenn es sich auch überwiegend um wenig ansprechende Erzeugnisse handelt, so befinden sich doch auch Darstellungen von hoher künstlerischer Gestaltungskraft darunter.

Abstammung und systematische Stellung des Igels

Igel, Maulwürfe und Spitzmäuse sind die noch heute vorkommenden Formen der ältesten Gruppe der Säugetiere mit Plazenta. Sie gehören zur Ordnung der Insektenfresser und werden als die primitivsten noch lebenden höheren Säugetiere angesehen.

Bereits in der Kreidezeit wurden in Nordamerika die ersten Insektenfresser nachgewiesen. Im Mitteleozän Nordamerikas sind die ersten uns bekannten Stacheligel festgestellt worden; sie dürften etwa vor 50 Millionen Jahren gelebt haben. Die älteste europäische Form wurde im Oligozän gefunden, und die unmittelbaren Vorfahren der heute lebenden Igelarten kamen im Miozän, also vor etwa 15 bis 20 Millionen Jahren vor.

Zur Familie der Igel *(Erinaceidae)* gehören als Unterfamilien die Haar- oder Rattenigel *(Echinosoricinae)* und die echten oder Stacheligel *(Erinaceinae)*. Zu den letzteren werden als Gattungen die Kleinohrigel, die Vierzehenigel, die Ohrenigel und die Wüstenigel gerechnet. Sie kommen in Europa, Asien und Afrika in verschiedenen Arten und Unterarten vor.

Die in der DDR lebenden Braunbrust- oder Westigel *(Erinaceus europaeus)* und Weißbrust- oder Ostigel *(Erinaceus roumanicus)* gehören zur Gattung der Kleinohrigel.

Geographische Verbreitung

Igel kommen nicht in allen Erdteilen vor. Außer in Europa findet man sie noch in Asien und Afrika. Nach Hempel und Schiemenz (1975) kann man in Eurasien mehrere, wahrscheinlich 8 geographische Rassen unterscheiden. In Mittel- und Westeuropa, in England und im südlichen Teil von Norwegen und Schweden lebt der Braunbrustigel; den Weißbrustigel findet man in Südosteuropa.

Die Begrenzungslinie des Igelvorkommens liegt im Norden Europas bei ungefähr 63° nördlicher Breite (Herter, 1952).

Im Gebiet der DDR kommen der westliche Braunbrustigel und der östliche Weißbrustigel vor. Man kann sie als durch die Eiszeit entstandene Unterarten ansehen. Der eine hat, wie dem Namen zu entnehmen ist, einen braunen oder auch graubraunen Brustfleck, der andere zeigt eine mehr oder weniger starke Weißfärbung der Unterseite.

Herter (1938, 1952) hat durch zahlreiche Funde belegt, daß im Stromgebiet der Spree, etwa bei Berlin, beide Igelarten in einem ziemlich breiten Streifen gemeinsam vorkommen. Er hat beide Arten mit Erfolg miteinander verpaart und in der Berliner Umgebung auch vermutliche Bastarde freilebend vorgefunden. Neuere Autoren (Angermann, 1978) bezweifeln das Ausbilden von Bastardpopulationen und halten eine Verpaarung nur dann für glaubwürdig, wenn eine stark verminderte Populationsdichte das Auffinden artgleicher Partner erschwert.

Herter (1952) zieht in Erwägung, daß der dunklere und stumpfschnauzige „Hundsigel" mit dem *E. europaeus* und der hellere und spitzschnauzige „Schweinsigel" mit dem *E. roumanicus* identisch sein könnte. Er fügt aber gleich hinzu, daß diese Unterscheidung auch in Gegenden getroffen wird, wo sicher nur eine der beiden Arten vorkommt, so z. B. in Schleswig-Holstein, wo nur der *E. europaeus* oder in Ungarn, wo nur der *E. roumanicus* existiert.

Wittich (1910) verwirft die Unterscheidung von Hunds- und

Schweinsigel; es liegt nahe, den Unterschied zwischen beiden ausschließlich im Futterzustand zu suchen.

Die mir vorgestellten Igel stammen überwiegend aus Berlin und den
Bezirken Potsdam und Frankfurt/Oder. Sie zeigten zwar häufiger
braune bis braungraue Brustflecke, aber auch ab und zu eine Weißfärbung der Brust-Bauch-Region. Auch erhebliche Unterschiede in der
Färbung des Stachelkleides von sehr hellem Braun bis Braunschwarz
sind zu beobachten. Ebenfalls sahen wir eine Igelin mit rosa Nase,
Maul, Pfoten und Ohren und einen Igel mit teilweise unpigmentier-
ter Nase und ebensolchem Maul. Die Igelin fand sich nach dem Aussetzen nicht zurecht, wurde hochgradig unterernährt vom Betreuer
wieder aufgenommen und starb nach kurzer Zeit. Zwar waren Stacheln und Bauchpelz des Tieres nicht auffällig hell gefärbt, vielleicht
handelte es sich aber doch um einen Übergang zum Leuzismus?

Nach Beobachtungen von Lienhardt (1979) weisen leuzistische Igel
Verhaltensstörungen auf.

Albinos wurden uns nicht vorgestellt, sie werden jedoch von Zeit zu
Zeit in einem Wurf normal gefärbter Geschwister beobachtet.

In der DDR leben Igel in allen Höhenlagen. Nach Lienhardt (1979)
wurde nicht einer der mehr als 1100 Igel der Igelstation des Zürcher
Tierschutzvereins in Höhen über 1000 bis 1100 m gefunden. Morris
(1985) teilt mit, daß in Nordeuropa keine Igel oberhalb der Laub-
baumgrenze vorkommen. Dieses wäre nicht begründet durch ein
schlechtes Nahrungsangebot oder zu tiefe Temperaturen, sondern
ausschließlich durch das Fehlen von Laub, das für den Nestbau wich-
tigste Baumaterial.

Biotop

Igel sind nicht sehr anspruchsvoll hinsichtlich ihres Lebensraumes. Allerdings bevorzugen sie natürlich Gebiete mit ausreichendem Nahrungsangebot und guten Versteckmöglichkeiten (Abb. 6). Man findet sie an Waldrändern, auf Getreidefeldern, in Gegenden mit viel Unterholz und Gestrüpp, in Gärten, Anlagen und Parks.

Abb. 6. Der Igel in seinem natürlichen Lebensraum.

Der Fundort war bei 66 % der Pfleglinge der eigene Garten oder der Garten von Verwandten, Bekannten und Nachbarn. 14 % der Tiere wurden in Parks, Grünanlagen und auf Friedhöfen gefunden. Je 7 % hatten als Fundort Wälder und Straßen, und zwar nicht nur Nebenstraßen, sondern auch stark befahrene Hauptstraßen. Die restlichen 6 % stammten von Baustellen, Haus- und Schulhöfen oder wurden im Keller, in der Garage, im Hausflur oder auf einem S-Bahnhof gefunden.

Der Igel ist ein Einzelgänger und ziemlich ortstreu. Er bleibt meistens in einem nicht sehr ausgedehnten Jagdrevier, das jede Nacht durchstreift wird.

Mangelndes Futterangebot oder das Fehlen eines Partners zur Paarungszeit kann jedoch zu einer erheblichen Erweiterung der Aktionsräume führen. So ermittelten Boitani und Reggiani (1983) Aktionsräume von 5,5 bis 102, 5 ha und stellten fest, daß diese sich im allgemeinen mit denen anderer Igel überschneiden. Der Igel baut in seinem Revier mehrere Sommernester, die unterschiedlich lang, vom weiblichen Tier jedoch länger als vom männlichen, benutzt werden. Häufig werden verlassene Nester nach unterschiedlichen Zeiträumen wieder aufgesucht.

Manches während der Winterperiode in menschlicher Obhut gehaltene Tier konnte nach dem Aussetzen regelmäßig im Garten beobachtet werden. Einige kamen allabendlich zum Futternapf von Hund oder Katze oder zu der für sie selbst bereitgestellten Schüssel. Von einem Tier wurde uns glaubhaft berichtet, daß es im Herbst abends an der Küchentür kratzte, wenn kein Futter bereitstand.

Der Igel ist dämmerungs- und nachtaktiv. Herter (1952) beschreibt 3 nächtliche Aktivitätsphasen: zwischen 18 und 22 Uhr, 0 bis 2 Uhr und 4 bis 6 Uhr.

Im Durchschnitt schliefen die Tiere 18 Stunden und waren 6 Stunden mit der Futtersuche beschäftigt.

Nicht selten leben Igel ständig in der Nähe des Menschen. In manchen Gärten werden sie regelmäßig gefüttert. So beobachtete ich an einer festen Futterstelle, etwa 3 m vom Wohnhaus entfernt, allabendlich eine Ansammlung von ungefähr 11 Tieren unterschiedlicher Größe, die sich bei Futternachschub etwas zurückzogen, nach einigen Minuten aber wieder zur Stelle waren.

Lienhardt (1979) machte ähnliche Beobachtungen und meint, daß es normalerweise bei Igeln keine Rangkämpfe an der Futterquelle gibt.

Nahrung in der Wildbahn

In der freien Wildbahn besteht die Nahrung des Igels aus Insekten aller Art und deren Larven, aus Schnecken, Regenwürmern, nestjungen Säugetieren, Fröschen, Eidechsen und Schlangen. Außerdem nimmt er gern weiches, süßes Obst, wildwachsende Beeren und Honig.

Tierisches Aas und ölhaltige Früchte verschmäht er genausowenig wie kleinere Vogeleier. Igel plündern Nester von Bodenbrütern und verzehren Eier und Jungvögel. Lindemann (1951) teilt hierzu mit, daß auf Grund von eigenen Untersuchungen der Igel nur den Bodenbrütern gefährlich werden kann, deren Eier kleiner als 39×28 mm sind. Das entspricht nicht den Mitteilungen anderer Autoren (Kruuk, 1964; Tinbergen, 1965, 1986; Morris, 1984). Kruuk (1964) beobachtete in einer Lachmöwenkolonie Igel beim Verzehr der im Durchschnitt $51,9 \times 37,2$ mm großen Eier. Zunächst wurde ein kleines Loch hineingebissen, es vergrößerte sich beim Fressen ständig, und bei Beendigung der Mahlzeit war die Schale meist vollkommen zerbrochen. Nie wurden Eierschalen weiter als 1 m vom geplünderten Nest gefunden. Igel, denen ausschließlich Möweneier als Nahrung angeboten wurden, verzehrten (und zerstörten) je Nacht 6,4 Eier. Tinbergen (1965) berichtet von 100 etwa 3 cm tief im Sand eingegrabenen Hühnereiern und 100 zusätzlichen Mulden ohne Eier. Diese „Eilinie" wurde gelegt, um Beobachtungen an Füchsen durchzuführen, die die Angewohnheit haben, Beutetiere und Eier zur Bevorratung zu verstecken. Von den ausgelegten Hühnereiern wurden 8 von Füchsen ausgegraben. Ein interessantes Nebenergebnis war, daß 12 Eier von Igeln gefunden und gefressen wurden. Die leeren Mulden beachteten weder Fuchs noch Igel. Wenn der Igel auch selbst keine Eier versteckt, besucht er doch gern die Vorratskammern des Fuchses, um so seinen Speisezettel zu bereichern.

Da die meisten gefangenen Igel eine große Vorliebe für Fisch zeigen,

nimmt Herter (1952) an, daß sie in der Freiheit an den Gewässer-
ufern tote Fische finden und verspeisen.

In diesem Zusammenhang sollte noch einmal ausdrücklich darauf
hingewiesen werden, daß Igel keine Mäusefänger sind und es Tier-
quälerei ist, sie in Scheunen oder Kellern zu diesem Zweck einzusper-
ren, da sie ohne zusätzliche Nahrung verhungern müssen.

In „Deutschlands Thierwelt" (1874) schreibt Jäger kurioserweise:
„... wird der arme Bursche nach Hause getragen zum Mäusefangen,
was meistens so viel heißt, als ihn dem Hungertode überliefern. Es
gibt keinen Keller, keinen Dachboden, der so reich an Mäusen wäre,
daß er den Igel auch nur eine Woche lang ernähren könnte."

Lienhardt (1979) schreibt: „In unserem Garten taten sich im Herbst
und Winter jeweils 20 bis 26 Hausmäuse und Hausspitzmäuse in fried-
licher Koexistenz mit den Igeln an Futterschüsseln gütlich. Im Haus
waren immer ca. $1/2$ Dutzend Mäuse mit 8 internierten Igeln in Boxen
zusammen. Selbst in diesem kleinen Raum versuchten die Igel nie
und hätten gar keine Möglichkeit gehabt, die ungemein flinken
Mäuse zu fangen.

An die tief im Boden befindlichen Mäusenester kann ein Igel auch
nicht gelangen, und es scheint nur der Verzehr toter Mäuse glaubhaft."

Interessant ist, daß bereits zu Anfang dieses Jahrhunderts der Zigeuner Wittich (1910) zu diesen Schlußfolgerungen kam. Er berichtet,
daß bei Hunderten durch ihn und seine Stammesangehörigen ausge-
weideten Igeln sich im Magen und Darm niemals Reste von Mäusen
befanden, sondern nur von Käfern, Obst, Nattern und Blindschlei-
chen sowie auch öfters Federn und Flaum von Vögeln.

Wildlebende Igel würden nur bei großem Hunger Mäuse fressen.
Deshalb lautet ein Sprichwort der Zigeuner: „In der Not frißt der Igel
Mäuse."

Nach Leunis' etwa 100 Jahre alter „Synopsis der Thierkunde" (1883)
macht sich der Igel durch die Vertilgung von Insekten, Mäusen und
Kreuzottern, ja sogar Ratten (!) nützlich.

Der Igel, ein geschütztes Tier

Alljährlich sterben in vielen Gebieten Europas bis zu 60 % der dort lebenden Igel durch Zerstörung ihres gewohnten Lebensraumes. In Dänemark wurden in einem Jahr auf 1000 km Straßen 9345 Igel als Opfer des Verkehrs registriert; es ist zu befürchten, daß die Anzahl der in Europa jährlich totgefahrenen Tiere eine Million weit überschreitet.

Ein immer dichter werdendes Verkehrsnetz, eine rapide Verringerung des Lebensraumes der Wildtiere durch Baumaßnahmen und die ständige Anwendung von Insektiziden und anderen Chemikalien stellen weitere große Gefahren für den Igel dar.

Im Bereich der zum Zweck einer effektiveren Bearbeitung zusammengelegten landwirtschaftlichen Nutzflächen verschwinden die vorher der Begrenzung dienenden Bäume, Sträucher, Raine, Wege und Böschungen. Die dort beheimateten Säugetiere, Vögel, Reptilien und Insekten müssen andere Lebensräume aufsuchen, wenn sie weiter existieren wollen. Erfreulich ist, daß trotz der hier aufgezählten Tatsachen der Igel sich noch behaupten kann und nach Meinung von Esser (1984), Dietzen und Obermaier (1986), Neuschulz (1986) u. a. in unseren Breiten der Bestand keineswegs gefährdet erscheint. Es gibt kaum großflächige Zählungen. Jedoch kann ein Vergleich zwischen den Zahlen der Verkehrsopfer auf bestimmten Strecken und über die Dauer mehrerer Jahre keine Hinweise auf eine Verminderung der Bestandsdichte erbringen (Reichholf und Esser, 1981).

Schon vor fast 100 Jahren wird in „Meyers Konversationslexikon" die Schonung des nützlichen Igels verlangt. Vollste Teilnahme und ausgedehntesten Schutz verdienen die Igel nach Brehm (1890).

Klose (1924) rechnet den Igel zu den Naturdenkmälern der Mark und fordert ebenfalls seinen Schutz.

Wenn man die Jagdliteratur der zwanziger und dreißiger Jahre verfolgt, wurde es allerdings auch höchste Zeit. Man hat den Eindruck, daß der Igel damals als Jagdschädling Nr. 1 angesehen wurde, der nicht nur Junghasen und -kaninchen tötete, sondern auch in Rebhuhn- und Fasanenbeständen großen Schaden anrichtete. Allerdings hören sich einige Berichte außerordentlich wie Jägerlatein an. Ahlbrecht (1931) und seine Bekannten beobachteten in 11 Fällen Igel beim „Reißen" von vollständig gesunden Junghasen. Ein anderer Autor meint, ungestörte Igel würden Küken und Hennen verschleppen. Gleitsmann (1937) berichtet, ein Jäger hätte in einem Igelnest die Überreste von 40 vom alten Igel herangeschleppten Fasanen- und Rebhuhneiern gefunden; er schreibt weiter: „Der Igel ist geschützt, und der Jäger muß tatenlos zusehen, wie ihm vielleicht auch weiterhin die Eier munden." Schmidt-Lindenhart (1929) tötete in seinem Revier 185 Igel und setzt sich, ebenso wie andere, für die Tötung jedes Igels ein. (Bedauerlich für ihn, daß eine Kopfprämie für Igel nur in England nach einem Parlamentsbeschluß von 1564 ausgezahlt wurde.)

Glücklicherweise handelten bei weitem nicht alle Jäger so. Göring (1929) empfiehlt, Igel in Gebieten, in denen sie Schaden anrichten können, in Kastenfallen zu fangen und weiter entfernt wieder auszusetzen.

Wilke (1928) entdeckte im Igel einen Bundesgenossen bei der Bekämpfung der Engerlinge, die seine 1- und 2jährigen Bäumchen größtenteils vernichtet hatten. Der Förster schreibt: „Meine Igelfeindlichkeit, die aus jüngeren Jahren noch in mir steckte, habe ich jetzt vollständig aufgegeben."

In Deutschland sind Igel erstmalig durch die „Verordnung zum Schutze der wildwachsenden Pflanzen und der nichtjagbaren wildlebenden Tiere (Naturschutzverordnung) vom 18. März 1936" gesetzlich geschützte Tiere, deren Fangen oder Töten mit Geld- oder Freiheitsstrafen geahndet werden konnte.

Eine Ausnahme ließ der § 24 allerdings zu: das Aneignen einzelner Tiere in der Zeit vom 1. Oktober bis Ende Februar zur eigenen Haltung.

In der DDR regeln seit 1970 das „Gesetz über die planmäßige Gestaltung der sozialistischen Landeskultur in der Deutschen Demokratischen Republik – Landeskulturgesetz – vom 14. Mai 1970", die „Erste Durchführungsverordnung zum Landeskulturgesetz – Schutz und Pflege der Pflanzen- und Tierwelt und der landschaftlichen Schönheiten – (Naturschutzverordnung) vom 14. Mai 1970" und die „Erste Durchführungsbestimmung zur Naturschutzverordnung – Schutz von Pflanzen- und Tierarten – (Artenschutzbestimmung) vom 1. Oktober 1984" die Fragen des Landschafts- und Naturschutzes.

Laut Anlage 2 der Artenschutzbestimmung gehört der Weißbrustigel zu den geschützten seltenen Tierarten und der Braunbrustigel zu den geschützten kulturell und volkswirtschaftlich wertvollen Tierarten. Nach § 14, Absatz 2 der „Ersten Durchführungsverordnung zum Landeskulturgesetz – Schutz und Pflege der Pflanzen- und Tierwelt und der landschaftlichen Schönheiten – (Naturschutzverordnung)" ist es nicht gestattet:

– nichtjagdbare wildlebende geschützte Tiere zu beunruhigen, ihnen nachzustellen, sie zu fangen, zu töten oder in Gewahrsam zu nehmen;

– Brut- und Wohnstätten dieser Tiere zu beschädigen, zu zerstören oder wegzunehmen sowie deren Lebensräume so zu verändern, daß der Fortbestand dieser Tierarten gefährdet wird;

– diese Tiere lebend oder tot in den Handel zu bringen oder zu verarbeiten.

Zur Klärung der Frage, wie es sich mit der Betreuung verletzter oder erkrankter geschützter Tiere verhält, wurde mir vom Institut für Landschaftsforschung und Naturschutz der Akademie der Landwirtschaftswissenschaften folgendes mitgeteilt:

„Die Ingewahrsamnahme geschützter Tiere ist laut § 14 der Naturschutzverordnung untersagt. Eine Einschränkung hierzu wird jedoch im Leitfaden für die Naturschutzarbeit (agra-Broschüre 1980, Best.-Nr. S 986, S. 58) gegeben: Lebende, geschützte Tiere dürfen nicht gekäfigt werden und sind in Freiheit zu setzen, sofern sie nicht verletzt sind oder durch besondere Umstände ihr weiteres Fortkommen in Freiheit nicht möglich ist. Da verletzte Tiere ohne menschliche Hilfe für die Freilandpopulation verloren, d. h. ökologisch selektiert sind, ist die strenge Anwendung des § 14 für die tierärztliche Behandlung und zwischenzeitliche Pflege durch interessierte Bürger *nicht* zu empfehlen. Diese Maßnahmen sind als reine Tierschutzaktivitäten (Individuenschutz) zu werten und sollten entsprechend ihrem gesellschaftlichen und Bildungswert weiterhin gepflegt werden. Dienen sie doch der Erhaltung einzelner Igel im menschlichen Siedlungsbereich."

Um den neuesten Stand des Igelschutzes in Europa zu erfahren, wandte ich mich an die jeweiligen hauptstädtischen Zoologischen Gärten, und wenn meine Bitte um Auskunft erfolglos blieb, wurden noch die betreffenden Botschaften angeschrieben. Meine vom April bis Juli 1987 durchgeführten Anfragen ergaben folgendes: Der Igel ist geschützt in Belgien, der BRD, der ČSSR, in Dänemark, der DDR, in Frankreich (dort steht er sogar im Rotbuch des Landes, da der Bestand rückgängig ist), Finnland, Griechenland, Italien,

Luxemburg, den Niederlanden, Norwegen, Österreich, Polen, Schweden, der Schweiz, der UdSSR und Ungarn. Nicht geschützt ist der Igel in England und Spanien. Von den hier nicht aufgeführten Ländern erhielt ich keine Auskunft.

In der Schweiz, den Niederlanden und der BRD gibt es Ausnahmebestimmungen, nach denen kranke oder untergewichtige Igel zur vorübergehenden Pflege gehalten werden dürfen.

Wenn auch mit jedem geretteten und zur richtigen Zeit wieder ausgesetzten Igel ein kleiner Beitrag zur Erhaltung dieses so liebenswerten Tieres geleistet wird, sollte unser Bestreben in erster Linie darauf gerichtet sein, eine ihm zusagende Umgebung zu schaffen oder zu erhalten.

Peinlichste Ordnung schätzt der Igel nicht so sehr. Er möchte lieber in den Gärten und Grünanlagen genügend Unterschlupfmöglichkeiten in Form von Laub- und Reisighaufen vorfinden. Dort kann er dann in Ruhe seine Sommernester und sein Winterschlafnest bauen. Der sparsame Umgang mit Insektiziden und anderen Chemikalien kann ebenfalls wirksam zu seinem Schutz beitragen.

Lebensbedrohliche Gefahrenquellen für unseren Igel können Betonschächte, Baugruben, Kellerfenster, Vorratsgruben auf Zeltplätzen und Lüftungsschächte sein; sie sollten unbedingt abgedeckt werden. Alljährlich ertrinken in Badebecken und anderen Wasserbehältern viele Tiere, wenn sie keine Möglichkeit zum Herausklettern finden.

Größte Vorsicht ist beim Verbrennen von Unkraut, Laub und Reisig geboten. Durch Umsetzen des jeweiligen Materials vor dem Verbrennen könnte manchem Igel ein qualvoller Verbrennungstod erspart bleiben. Auch das Abbrennen von Böschungen fordert immer wieder Opfer.

Eine Zufütterung ist in den Monaten, in denen das Nahrungsangebot gering ist, zweifelsohne eine große Hilfe für den Gartenigel. Das Futter sollte möglichst spät am Abend hingestellt werden und kann u. a. aus Käse, Nüssen, Rosinen, eventuell auch aus Hunde- oder Katzenfertigfutter (kleine Pellets werden manchmal auch abgenommen) bestehen. Manche Gartenbesitzer bauen spezielle Futterhäuschen, die sehr flach sein sollten, damit sie nicht von Katzen mitbenutzt werden können. Einige besonders Findige bedienen sich sogar einer Lichtschranke, ein in der Wohnung ausgelöstes optisches oder akustisches Signal gibt Aufschluß darüber, ob und wann bzw. wie häufig die Futterstelle besucht wird.

Physiologische Daten des Igels

Trächtigkeitsdauer:	32 bis 36 Tage
Anzahl der Jungen:	4 bis 5 (2 bis 9)
Säugezeit:	40 bis 45 Tage
Geschlechtsreife:	in Gefangenschaft schon mit 5 Monaten beobachtet, in Freiheit nach Hahn (1986) nicht vor dem 2. Lebensjahr
Lebenserwartung	
in Freiheit:	3 bis 5 Jahre
in Gefangenschaft:	5 bis 7 Jahre
Körpermasse	
bei der Geburt:	15 bis 30 g
erwachsenes Tier:	700 bis 1400 g
Körpertemperatur:	
(rektal gemessen):	34 bis 36 °C
Atemfrequenz:	40 bis 50/min
Herzfrequenz:	170 bis 200/min
Anzahl der Stacheln	
beim Neugeborenen:	90 bis 110
beim Erwachsenen:	8100 ± 800 *(Erinaceus europaeus)*
	6500 ± 150 *(Erinaceus roumanicus)*
Winterschlaf:	von November/Dezember bis März/April

Fortpflanzung und Entwicklung der Jungtiere

Ungefähr im April wachen die Igel in unseren Breiten nach einem langen Winterschlaf von 5 bis 6 Monaten auf. Während dieser Zeit verlieren sie etwa 15 bis 30 % ihres Gewichtes, und ihre Geschlechtsorgane haben sich durch Unterfunktion des hormonalen Systems zurückgebildet.

Nach einigen Wochen haben die Tiere sich jedoch soweit erholt, daß die Partnersuche beginnen kann.

Zum Auffinden des Partners scheint der Geruchssinn sehr wichtig zu sein. Lindemann (1951) berichtet, daß der Igel den geschlechtsreifen Artgenossen während der Ranzzeit bis zu einer Entfernung von 5 bis 6 m geruchlich wahrnehmen kann, geschlechtlich indifferente Tiere jedoch frühestens bei 2 m Abstand oder sogar erst bei direktem Kontakt bemerkt.

Poduschka (1969) beobachtete während der Brunst Duftmarkierungen durch männliche Tiere. Lienhardt (1979) berichtete von Brunstmarkierungen durch geschlechtsreife weibliche Igel. Sie beobachtete, daß diese Tiere auf den ständig begangenen Wegen kleine Kotbällchen von ungefähr 5 mm Durchmesser absetzen, die sich sehr deutlich vom üblichen walzenförmigen Kot unterscheiden lassen.

Während der Brunst treten bei beiden Geschlechtern Verhaltensänderungen auf. Lienhardt (1979) fand sonst zutrauliche Weibchen plötzlich scheu oder auch aggressiv. Männchen tragen Rivalenkämpfe aus, die teilweise mit schweren körperlichen Verletzungen einhergehen (Poduschka, 1969).

Die Bestachelung des Igels schien verschiedenen Autoren für den Paarungsakt hinderlich. Aristoteles glaubte, beide Tiere würden dabei stehen, und noch 1912 vertrat Heck die Ansicht, das Weibchen würde sich zur Begattung auf den Rücken legen (Herter, 1938).

Die Paarung wird durch das sogenannte „Igelkarussell" eingeleitet, welches Hermann Löns in seinem „Zaunigel" folgendermaßen schildert:

„Bisher war der Igel immer von rechts nach links um seine Auserkorene herumgetrippelt; jetzt versucht er es in der umgekehrten Richtung. So muß auch die Igelin von links nach rechts sich im Kreise drehen. Wenn er sie zehn- oder zwölfmal umkreist hat, wird er plump vertraulich. Dann setzt es von ihr aus einen Schmiß. Verdutzt bleibt er dann sitzen und überlegt den Fall, und sie bleibt auch sitzen. Sie sehen sich mit ihren kleinen schwarzen Augen an, Nase an Nase, bis er wieder Mut bekommt und von neuem um sie herumtrippelt, jetzt von links nach rechts, nach dem nächsten Hiebe von rechts nach links, dann wieder umgekehrt und so weiter.

Elf Uhr schlägt die Turmuhr; elfmal heult des Wächters Horn. Immer noch murksen und fauchen die stachligen Liebesleute um einander herum. Es wird Mitternacht; das sonderbare Karussell ist noch immer im Gange. Es schlägt ein Uhr; er ist noch immer nicht müde, sie zu umwerben, und ihre Sprödigkeit hält immer noch an. Es schlägt zwei Uhr; noch immer trippelt er fauchend und pustend um sie herum, bald von rechts, bald von links, und nach jedem Hiebe, den sie ihm versetzt, hält er inne und überlegt, ob es nicht besser sei, ihr von der anderen Seite zu nahen. Eine halbe Stunde bleibt der Jagdaufseher bei dem Paare stehen und lacht und schüttelt den Kopf, bis die Helligkeit im Osten ihm sagt, daß es Zeit für ihn werde, nach dem Moore zu gehen. Schon singt der Rotschwanz von dem Dachfirst, die Schleiereule sucht ihr Loch am Giebel, der Igel und die Igelin tanzen immer noch ihren sonderbaren Reigen; erst als die Amsel zeternd zur Regenwurmsuche ausfliegt, verschwindet sie unter dem Stall, und er folgt ihr nach."

Stieve (1948) beobachtete als einer von wenigen eine Igelpaarung und beschreibt sie etwas prosaischer:

„Nach dem ‚Karussell', bei dem beide Tiere so schnell liefen, daß Männchen und Weibchen nicht deutlich auseinander gehalten werden konnten und nur zu vermuten war, daß der Verfolger das Männchen sei, lief das Weibchen plötzlich 1 m geradeaus. Sie duckte sich sehr flach auf den Boden, legte die Stacheln an, streckte die Hinterbeine weit nach rückwärts weg und hob das Becken etwas hoch, so daß die Scheide nach hinten und oben gerichtet war. Das Männchen trat zwischen die Hinterbeine des Weibchens, stützte sich mit den Vorderbeinen auf ihren Rücken und führte den deutlich erkennbaren Penis in die Scheide des Weibchens ein. Seine Stacheln sträubte es dabei stark und beide Tiere schnaubten lebhaft.

Das Männchen stieß den Penis 10- oder 11mal rasch nacheinander in die Scheide des Weibchens ein, welches vollkommen ruhig lag.

Dann stieg das Männchen vom Weibchen ab und blieb ruhig im Gras sitzen. Das Weibchen lief nach kurzer Zeit ins Gebüsch." Nach einer Tragezeit von etwa 4 1/2 bis 5 Wochen werden durchschnittlich 4 bis 5 Junge geboren. Bei 67 registrierten Geburten beobachtete Lienhardt (1979) nur 2 Würfe mit Höchstzahlen von 7 Jungen. Die angegebenen Zahlen von 2 bis 10 Jungen bei Herter (1952), Versluys (1975), Hempel und Schiemenz (1975) und Isenbügel (1976) scheinen, zumindest was die obere Grenze betrifft, zu den Ausnahmen zu gehören.

Zwei Tage vor der Geburt kratzt die Igelin das Nistmaterial aus der Mitte des Wurfnestes weg, so daß die Jungen auf dem nackten Boden zur Welt gebracht werden. Die Kleinen werden mit geschlossenen Augen und Ohren geboren. Sie besitzen bereits kleine weiße Stacheln, die während der Geburt in der aufgequollenen Rückenhaut eingelagert sind. Deshalb kann der Geburtsweg des Muttertieres normalerweise nicht verletzt werden.

Eine zu lange Tragezeit, bedingt durch Verzögerung der Geburt, kann jedoch besonders bei Steißlage zu Komplikationen durch die nun schon weiter hervorgetretenen Stacheln führen.

Werden die Weibchen nach der Geburt stark beunruhigt, verschleppen sie ihre Jungen. Sie töten und fressen sie dann eventuell.

Verläßt die Muter zur Nahrungssuche das Nest, werden die Kleinen mit Laub und anderem Nistmaterial zugedeckt.

Lienhardt (1979) schreibt, daß bei Wohnungsgeburten die Jungen vor der Abwesenheit der Igelin unter dicken Lagen von Papierfetzen versteckt wurden.

Die bisher weit verbreitete Annahme, eine Igelin würde in unseren Breiten 2mal jährlich Junge zur Welt bringen, wird durch Untersuchungen von Walhovd (1984) und Hahn (1986) sehr in Frage gestellt. Hahn (1986) konnte bei mehrjährigen Kontrollen nie Paarungen vor Ende Juni beobachten und keine Geburten vor Ende Juli. Walhovd (1984) stellte bei 453 Würfen folgende monatliche Verteilung fest: 19 im letzten Julidrittel, 278 im August (die Jungen von 78 Würfen mit noch geschlossenen Augen), 144 im September (die Jungen von 12 Würfen mit noch geschlossenen Augen) und 12 im Oktober (die Jungen eines Wurfes mit noch geschlossenen Augen).

Die Geschlechtsunterschiede sind schon beim Neugeborenen gut erkennbar. Beim männlichen Tier liegt das knopfartige, etwa erbsengroße Präputium in der Bauchmitte (Abb. 7). Beim weiblichen Igel befindet sich die Geschlechtsöffnung unmittelbar vor dem After (Abb. 8).

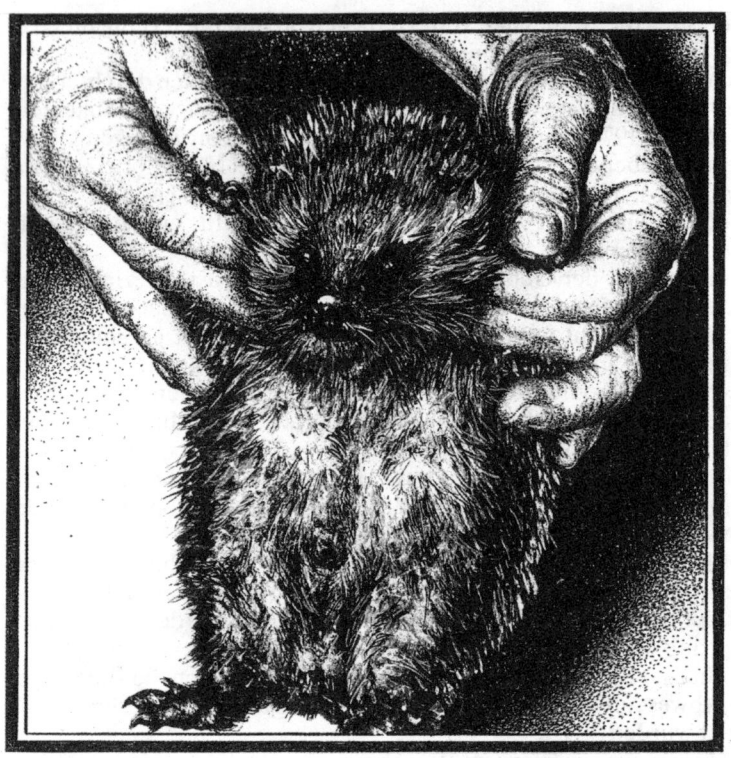

Abb. 7. Männlicher Igel.

Nach Lindemann (1951) beginnt das zunächst unvollständige Zusammenrollen der Igel am 13. bis 14. Tag, am 16. Tag können sie sich, allerdings erst für einige Sekunden, voll einkugeln. Das Öffnen der Augen beobachtete er vom 14. bis 16. Tag, das Sicheinspeicheln erstmalig im Alter von 8 Tagen und Gähnen, Strecken, Sichkratzen, deutliches Schnaufen mit 16 bis 18 Tagen. Ab 20. Tag begann das Scharren mit den Vorderbeinen und 5 bis 6 Tage später, auf Geruchsreize hin, das Graben und Wühlen.

Nach dem Öffnen der Augen verlassen die Igel schon ab und zu das Nest. Poduschka (1972) schreibt, daß die Jungen bereits mit noch ge-

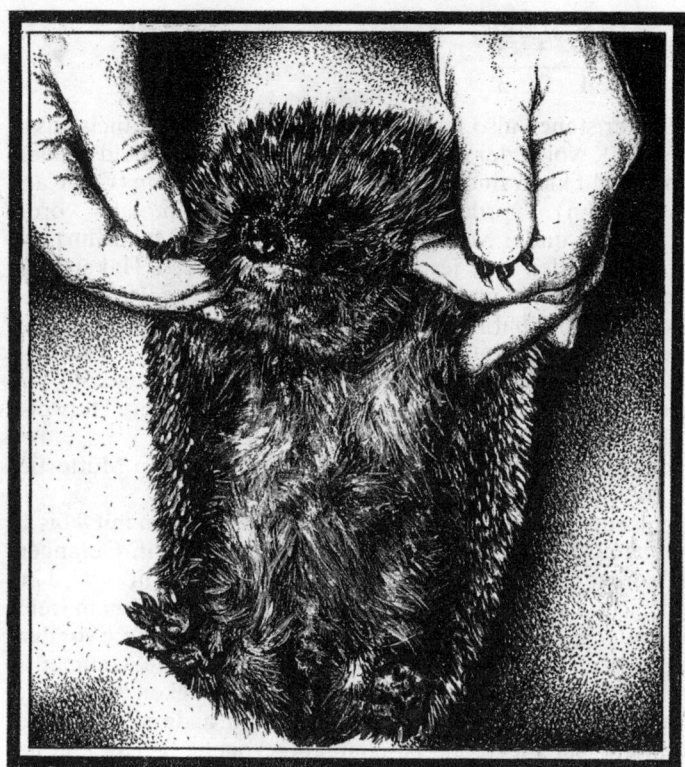

Abb. 8. Weiblicher Igel.

schlossenen Augen der Mutter folgen. Er hält Geruchsreize oder Ultraschall für die Ursache, daß sie sich nicht verlieren.

Zwischen 24. und 26. Tag brechen die Milchzähne durch, und in der 4. Woche beginnen die Kleinen selbständig nach Nahrung zu suchen. Zusätzlich werden sie allerdings noch bis ungefähr zum 40. Lebenstag von der Mutter gesäugt.

Die Milchzähne werden mit etwa 8 Wochen durch das bleibende Gebiß ersetzt. Das Tier hat jetzt, vorausgesetzt, das Gebiß ist vollständig, 20 Zähne im Oberkiefer und 16 im Unterkiefer. Die Zahnformel lautet:

I	C	P	M
3	1	3	3
2	1	2	3

Im Oberkiefer stehen also jeweils 3 Schneidezähne (I = Incisivus = Schneidezahn), wobei der erste sehr lang und spitz, die beiden nächsten jedoch recht klein sind, dann ein kleiner Hakenzahn (C = Caninus = Hakenzahn), 3 vordere Backenzähne (P = Prämolar = vorderer Backenzahn) und 3 Mahlzähne (M = Molar = Mahlzahn). Im Unterkiefer befinden sich jeweils 2 Schneidezähne, 1 Hakenzahn, 2 vordere Backenzähne und 3 Mahlzähne.

Nach Brockie (1964) hat nur die Hälfte der in England vorkommenden Igel ein vollständiges Gebiß.

Zuhrt (1958) stellte bei 310 untersuchten Schädeln Zahnüberzahl von 0,9 % und intravitale Zahnverluste von 0,6 % fest. Weitere Hinweise auf unvollständige Gebisse gibt er jedoch nicht.

Die kleinen Igel werden mindestens 7 Wochen von dem Muttertier geführt.

Die Geschlechtsreife wird nach Meinung vieler Autoren mit 8 bis 10 Monaten erreicht. Von Paarungen und Geburten bei in Gefangenschaft gehaltenen Tieren diesen und noch geringeren Alters wird immer wieder glaubwürdig berichtet. Hahn (1986) konnte bei in freier Natur lebenden Igeln Paarung und Fortpflanzung jedoch nie vor dem 2. Lebensjahr beobachten. Sollte dieses zutreffen, ist die Argumentation von Esser (1984) hinfällig, nach der die Nutzlosigkeit der Betreuung untergewichtiger Igel durch den Menschen u. a. damit begründet wird, daß weibliche, in Gefangenschaft aufgezogene Igel im Jahr des Wiederaussetzens keinen Nachwuchs zur Welt bringen.

Lebenserwartung und Zeichen des Alterns

Das mögliche Lebensalter des Igels wird in der Literatur sehr unterschiedlich angegeben. Häufig wird von einem Höchstalter von 10 Jahren gesprochen. Poduschka (1971) hält in der freien Wildbahn eine Lebenserwartung von 4 Jahren für annehmbar. Lienhardt (1979) stellte fest, daß die Tiere in der Freiheit nicht über 3 Jahre alt wurden, in Gefangenschaft und bei Zufütterung das Alter jedoch 4 bis 6 Jahre betrug. Mohr (1936) hatte von 1929 bis 1936 einen Igel. Im letzten halben Jahr fraß er schlecht, und kurz vor seinem Tode nahm er rapide ab. Sein Gebiß zeigte eine starke Zahnsteinbildung und eine hochgradige Zahnfleischentzündung. Es stimmt bedenklich, daß der Igel in Gefangenschaft eine erheblich höhere Lebenserwartung als in der freien Wildbahn hat. Der hochgradige Parasitenbefall, verursacht durch das Ausweichen auf manchmal fast ausschließliche Ernährung mit Schnecken, bedingt durch einen Mangel an Insekten, die wiederum durch den oft großzügigen Gebrauch von Insektiziden vernichtet wurden, wird hierbei sicher eine nicht unerhebliche Rolle spielen.

Alterserscheinungen präsentieren sich in Gestalt von Stachelverlust, Taubheit, Gebißschäden, Ergrauen und Verschwinden der Gesichtshaare, Abnahme der Körpermasse und Verkürzung der nächtlichen Aktivitätsphasen.

Das Alter eines Igels läßt sich anhand der Zähne ungefähr ermitteln (Herter, 1938). So sind bei jungen Tieren die Höcker der Backenzähne sehr spitz, bei zunehmendem Alter werden sie stumpfer und niedriger, und bei sehr alten Igeln sind die Kauflächen ganz glatt und die Zähne sehr niedrig.

Eine sichere Altersbestimmung beim toten Tier beschreibt Morris (1984). Er benutzt hierzu die Wachstumslinien in den Kieferknochen. Während im Sommer der Knochen wächst, stagniert in der Winterschlafperiode das Wachstum. Bei einer mikroskopischen Untersuchung des Kieferknochens sind nun abwechselnde Streifen von Winterruhe und Wachstum erkennbar.

Nach Wittich (1910) schätzen die Zigeuner das Alter der Igel nach der zunehmend helleren Färbung der Stacheln: „Je weißer, je älter." Dieser Aussage ist jedoch nicht unbedingt zuzustimmen. Variierte doch die Farbe des Stachelkleides bei den uns vorgestellten Jungigeln von Beige und Hellbraun über Dunkelbraun bis Schwarzbraun, von den Albinos ganz abgesehen.

Anatomische und physiologische Besonderheiten

Das Stachelkleid

Das Stachelkleid ist ein Merkmal, das der Igel nur mit einigen sehr primitiven Tieren gemeinsam hat. Sein gesamter Rücken ist mit vielen recht spitzen Stacheln besetzt (Abb. 9). Herter (1952) schätzte die Zahl der Stacheln auf einem Igel auf etwa 16 000. Diese Zahl ist, wie Zählungen beweisen, jedoch zu hoch gegriffen. Nach Kratochvil (1974) besitzt der erwachsene *Erinaceus europaeus* 8400 ± 300 und der erwachsene *Erinaceus roumanicus* 6500 ± 150 Stacheln. Er wertet dieses als zusätzliches Unterscheidungsmerkmal zwischen beiden Igelarten. Kienert (1983) zählte bei einem weiblichen, ungefähr 800 g schweren Igel 8886, Fratzky (1983) bei einem erwachsenen männli-

Abb. 9. Stachelkleid, Begrenzung.

chen Tier 7336 und bei einem 43 g schweren Igelsäugling 1984 Stacheln. Hahn (1986) errechnete, nach Auszählen von 1000 Stacheln und mit Hilfe einer mathematischen Formel, die Anzahl der Stacheln mit 5712. Diese Zahl liegt sogar für den *Erinaceus roumanicus* weit unter dem Durchschnitt. Um exakte Ergebnisse zu erhalten, kommt man wahrscheinlich um das Auszählen nicht herum.

Bereits bei der Geburt besitzt ein Igelbaby etwa 100 weiße Stacheln; sie sind vollkommen in der stark aufgequollenen Rückenhaut eingebettet und werden erst einige Stunden nach der Geburt sichtbar. Diese ersten weißen Stacheln werden nach einigen Tagen durch graue oder graubraune Jugendstacheln ergänzt. Die Jugendstacheln fallen im Alter von 2 bis 6 Monaten aus und werden durch längere und stärkere Erwachsenenstacheln ersetzt. Diese Erwachsenenstacheln scheint der Igel sein ganzes Leben lang zu behalten. Nach Herter (1952) werden sie zumindest mehrere Jahre alt und fallen einzeln aus, um durch neue, zunächst kürzere und dünnere, ersetzt zu werden.

Die Behauptung von Hahn (1986), wonach Stacheln, ähnlich wie Haare, laufend ausfallen und durch neue ersetzt werden, möchte ich sehr in Zweifel ziehen. Ermöglicht doch sowohl eine Markierung durch Kürzen von Stacheln als auch durch Überstreifen farbiger Plasteringe über einzelne Stacheln mehrere Jahre lang ein Identifizieren der so gekennzeichneten Tiere. Auch müßten bei einem ständigen Stachelwechsel im Stachelkleid Stacheln in allen Wachstumsstufen, und zwar von sehr kurzer bis normaler Länge vorhanden sein. Das konnte ich bisher jedoch nie feststellen.

Nach Verletzungen wachsen die Stacheln oft nur spärlich oder gar nicht mehr nach, so daß gewisse Befürchtungen hinsichtlich der Wehrhaftigkeit des Tieres bestehen könnten.

Einer meiner Patienten wurde durch einen Rasenmäher im wahrsten Sinne des Wortes skalpiert, allerdings beschränkte sich die Verletzung nicht auf den Kopf, sondern reichte von dort bis zum Schwanzansatz. Nach Abheilung der Wunden, wir hatten den Igel in persönliche Pflege genommen, wurde er in unserem Garten ausgesetzt, wo er noch bis zum späten Herbst regelmäßig zu sehen war. Auf Grund des langen kahlen Streifens auf dem Rücken und der runden Narbe auf dem Kopf, er sah aus, als trüge er eine rosa Mütze, konnten wir ihn leicht von den anderen Igeln unterscheiden. Im nächsten Frühjahr haben wir ihn leider nicht mehr entdecken können.

Das Einrollen

Ein sehr typisches Merkmal des Igels ist das Einrollen. Zusammen mit seinen Stacheln stellt es seine einzige Schutzmaßnahme gegen Feinde dar (Abb. 10).
Die Fähigkeit des Einrollens wurde seit langem einem gewaltigen

Abb. 10. Eingerollter Igel.

Muskel, dem Musculus orbicularis, zugeschrieben. So berichtet Altum (1883): „Ihr ausgezeichnetes Kugelungsvermögen ist bedingt durch einen starken, den ganzen Oberkörper kapuzenförmig umhüllenden Muskel."

Herter (1938) übernahm diese Angaben und Darstellungen von Bütschli (1921) und Weber (Heck, 1912). Es ist das Verdienst von Kramm (1979), daß dieser anatomische Irrtum beseitigt wurde. Er stellte durch Sektionen fest, daß unter der Haut des Igels keine dicke Muskelkappe existiert, sondern sich in der Haut nicht übermäßig starke Hautmuskeln befinden.

Kramm schreibt: „Funktionell haben wir es bei diesem eigentümlich strukturierten Muskelsystem offensichtlich mit einer auf bestimmte Reize hin reagierenden Haut-Alarm-Muskulatur zu tun, mit der das Tier sich blitzschnell einigeln kann." Er fährt fort: „Die fälschlich in der Igelliteratur fortgeschleppte dicke Muskelkappe unter der stacheltragenden Rückenhaut des Igels ist der einzige plausible Grund dafür, daß man für subkutane Injektionen geflissentlich die bequem erreichbare Rückenregion vermeidet, auf die Bauchseite ausweicht und sogar im Bereich der Hinterbeine Einspritzungen vornimmt." Tatsächlich wird in vielen Veröffentlichungen über Igel stets die subkutane Injektion an der Körperunterseite empfohlen.

Der Winterschlaf

Die Vorgänge des Winterschlafes waren lange Zeit ein großes Rätsel und Inhalt vieler wissenschaftlicher Forschungen. Noch in den zwanziger und dreißiger Jahren wurde die Meinung vertreten, ein Igel müsse unbedingt den Winterschlaf halten, ansonsten würde er sterben (Schütz, 1932), und auch in geheizten Räumen und bei bester Verpflegung gehaltene Tiere würden zur festgesetzten Zeit den Winterschlaf beginnen (Koelsch, 1925). Diese Ansichten sind durch tausende Pfleglinge, die auch ohne Winterschlaf gesund in den Frühling gelangten, längst widerlegt.

Raths und Biewald (1970) schreiben, daß die winterschlafenden Säugetiere ihren „Temperaturregler" nach unten verstellen können. Es bestehen bei ihnen zwei homoiotherme Zustände: der Normalzustand und der Winterschlaf. Im Übergang zwischen beiden werden sie zeitweilig poikilotherm. Der 2. homoiotherme Zustand beim Säuger ist erreicht, wenn die Körpertemperatur von 6°C bis 1°C abgesunken ist.

Voraussetzungen für den Winterschlaf sind nicht nur die Außentemperatur sowie die Beendigung der Brunst und der Säuglingspflege, sondern auch der Fettansatz, denn der Energiebedarf wird durch Fettverbrennung gedeckt.

Beim Igel ist in der Schultergegend das auch als Winterschlaforgan bezeichnete braune Fett gespeichert. Dieses Fettgewebe enthält einen wichtigen Energievorrat für den Winterschlaf und für das Aufwachen aus demselben. Während des Winterschlafes sind alle Stoffwechselvorgänge stark gesenkt. Die Atmungs- und Herzfrequenz ist reduziert, die Reaktion auf Reize hochgradig herabgesetzt und die Wärmeproduktion und -regulation weitgehend eingeschränkt.

Tropische und subtropische Igel halten bei großer Trockenheit und Hitze den kürzeren Sommerschlaf.

Lindemann (1951) berichtet, daß 2 Igel, die bei Außentemperaturen gehalten wurden, fast gänzlich durchschliefen; 3 Tiere in beheizten Räumen wurden im Durchschnitt 8mal für jeweils 1 bis 14 Tage wach! Ungefähr 5 bis 6 Monate im Jahr verbringt der gesunde Igel im Winterschlaf.

Dem Winterschlaf geht etwa im Oktober bis November ein Lethargiestadium voraus, welches ungefähr 4 Wochen dauert. Danach folgt der richtige Winterschlaf, der meist von November bis März oder Anfang April dauert. Ab Ende März bis April kommt es dann zum endgültigen Erwachen.

Bei untergewichtigen Tieren beobachtete Lienhardt (1979) einen verspäteten Eintritt des Lethargiestadiums und des Winterschlafes. Die wichtige Voraussetzung des ausreichenden Fettansatzes fehlte bei diesen Igeln.

Die Winterschlafnester werden einige Tage vor Beginn des Winterschlafes erbaut. Die nicht selten vertretene Annahme, solch ein Nest wäre ein unordentlicher Haufen von Blättern und Zweigen, trifft nicht zu. Meist wird das Winterschlafnest sorgfältig aus Heu, Laub, Moos und kleinen Zweigen hergerichtet und umhüllt den eingerollten, schlafenden Igel fest anliegend, fast filzartig (Abb. 11).

Das Winterschlafnest ist nicht nur undurchlässig gegen Regen und Schmelzwasser, sondern isoliert auch gegen Kälte und Wärme. Letzteres ist wichtig, um ein frühzeitiges Aufwachen durch die ersten warmen Sonnenstrahlen zu verhindern. Nach Esser (1984) befinden sich die Winterschlafnester fast ausschließlich in Nord- bzw. Nordostlagen. Meist werden sie an erhöhten Stellen angelegt, vielleicht um so instinktmäßig der Gefahr des Ertrinkens durch Hochwasser im Frühjahr zu entgehen. Untergewichtige Igel suchen so lange wie möglich

Abb. 11. Winterschlafnest.

nach Nahrung, um ein überwinterungsfähiges Gewicht zu erlangen und versäumen dabei den Bau eines soliden Nestes. Auch Winterschlaferstlinge bauen manchmal vollkommen ungenügende Winterschlafnester.

Die Angaben über das erforderliche Mindestgewicht zum Überleben des Winterschlafs in freier Natur variieren in den letzten Jahren ständig. In den mir z. Z. (1987) bekannten neueren Veröffentlichungen werden Mindestgewichte von 450 g (Morris, 1984), allerdings für England mit seinem bekanntermaßen milderen Klima, Esser (1984) 450 g bis 600 g, Esser (1985) 500 g und Neumeier (1985) 600 g angegeben.

Durch den starken Masseverlust während des Winterschlafes und ein oft unzureichendes Nahrungsangebot nach dem Aufwachen sterben in den Monaten April und Mai Tiere durch allgemeine Schwäche.

Untergewichtige Tiere, die im Herbst oder gar im Winter gefunden werden, können ohne menschliche Hilfe nicht überleben. Dasselbe gilt für Tiere, die während der Winterschlafperiode aufwachen und nicht wieder in kurzer Zeit einschlafen; auch sie müssen ohne zusätzliche Fütterung verhungern.

Das Aufwachen aus dem Winterschlaf scheint in erster Linie durch ein Ansteigen der Umgebungstemperatur verursacht zu werden. Dieser Vorgang dauert, künstlich hervorgerufen, d. h. durch Überführung eines winterschlafenden Igels in einen geheizten Raum, etwa 5 bis 6 Stunden. In der Natur wird der Vorgang wahrscheinlich erheblich mehr Zeit in Anspruch nehmen. Die Körpertemperatur steigt allmählich an, die Atemfrequenz erhöht sich nach und nach, das Tier entrollt sich immer mehr, richtet sich schließlich aus der Seitenlage auf und stellt sich hin. Bei einer Körpertemperatur von etwa 30 °C werden die ersten schwankenden Gehversuche unternommen. Das Aufwachen ist manchmal von heftigen Zuckungen und Zittern begleitet. Auch kann eine erhöhte Atemfrequenz beobachtet werden.

Vor einigen Jahren fanden wir Mitte April in einem sehr soliden Nest einen 730 g schweren, zusammengerollten, männlichen Igel. Aufmerksam geworden waren wir auf ihn durch sein ununterbrochenes Husten. Das Tier wurde zusammengerollt in einem Korb im Auto untergebracht. Während der Fahrt zeigte es krampfartige Zuckungen und zitterte zeitweise sehr heftig. Wir nahmen an, daß es sich hierbei um das Aufwachen aus dem Winterschlaf handelte. Zwar erscheint es unwahrscheinlich, daß ein Tier im Winterschlaf hustet, aber vielleicht befand es sich bereits in der Aufwachphase, als wir es hörten. Nach Entwurmung, es lag ein hochgradiger Befall mit Lungenwürmern vor, wurde das Tier einen Monat später mit 1280 g wieder im Garten ausgesetzt.

Die Sinnesorgane

Gesichtssinn. Nach Lindemann (1951), der sich besonders intensiv mit den Leistungen der Sinnesorgane des Igels befaßte, beträgt die Sehweite am Tage etwa 30 m. Er setzte Tiere in ungefähr diesem Abstand von Gebüsch und Bäumen entfernt aus und beobachtete, daß sie diese Unterschlupfmöglichkeiten zielstrebig erreichten. In der Dämmerung mußte der Abstand auf 12 m verringert werden, um ein solches Resultat zu erlangen.

Herter (1952) beschreibt verschiedene Versuche über das Farbsehen und berichtet, daß Igel durch Dressuren lernen, Blau von Gelb und auch Gelb von allen anderen Farben zu unterscheiden. Ähnliche Versuche wurden von Sgonina (1936) durchgeführt.

Als Lindemann (1951) seine Gartenpforte und anliegende Zaunteile

durch Zeitungspapier verkleidete und eine Geruchssperre legte, lief
sein Igel „Eri" vorbei, obwohl er sonst den Eingang sofort fand.
Beim Finden und Erkennen von Nahrung scheint der Gesichtssinn allerdings von untergeordneter Bedeutung zu sein. Nach Poduschka
(1969) spielen Farbunterschiede des Futters keine Rolle. Schwarz gefärbter Grießbrei und artfremd gefärbtes anderes Futter wurden an-
standslos gefressen. Der Geruchssinn ist hierbei anscheinend absolut
vorherrschend.
Die Lichtempfindlichkeit unserer Igel war stark ausgeprägt. Wurden
sie leicht zugedeckt, schliefen sie, oft bei erheblichem Krach, ent-
spannt auf dem Bauch liegend, 2, 3 oder sogar alle 4 Pfoten vom Körper weggestreckt. Sobald wir sie aber aufdeckten, rollten sie sich zusammen oder begannen zu laufen. Wir hatten somit die größte Mühe,
ein schlafendes Tier zu fotografieren.

Gehörsinn. Lindemann (1951) unterscheidet drei verschiedene Ge-
räuschkategorien beim Igel.
Erstens solche, die ihn erschrecken. Hierzu gehören Pfeifen, Schnalzen, Hundebellen, schreiende und kreischende Laute, das Knacken
beim Brechen trockener Zweige und Scharren mit den Füßen. Die
Tiere reagieren mit Zusammenzucken, Hochstellen der Stacheln und
manchmal sogar mit Einrollen.
Zum zweiten ihn anlockende Geräusche wie Zirpen, Krabbeln und
Rascheln von Insekten und bei zahmen Tieren der Ruf ihres Namens.
Drittens dann ihm gleichgültige Töne, die höchstens eine kurze,
schnell abflauende Reaktion hervorrufen. Lindemann (1951) rechnet hierzu Vogelgesang, Glockengeläut und sanft klingende Musik.
Unsere Igel störten sich auch nicht an lauter Radiomusik. Töne aller
Art, die vom Fernseher stammten, und das Miauen unserer Katzen
beachteten sie ebenfalls nicht.
Das Gehör des Igels ist scharf. Sein Hörbereich beträgt 64 bis
18000 Hz. Für die höchsten Töne reicht eine Lautstärke von −10 Dezibel, wenn der menschliche Grenzwert 0 Dezibel ist.
Lindemanns zahmer Igel reagierte deutlich auf Geräusche in 150 und
200 m Abstand.
Nach Poduschka (1969) zeigt das Gehör eine besondere Empfindlichkeit bei Geräuschen mit starken Ultraschallkomponenten. In der
Sprechstunde stellten wir eine sehr unterschiedliche Reaktion auf
menschliche Stimmen fest. So war es einer Mitarbeiterin mit etwas
schriller und lauter Stimme und unruhiger Wesensart meist nicht
möglich, eine Geschlechtsbestimmung bei den vorgestellten Tieren

durchzuführen. Wurden die Pfleglinge von einer ruhigen Sprechstundenhilfe, die mit einer ziemlich tiefen Stimme versehen ist, diesbezüglich untersucht, gelang das bei 95 % der vorwiegend erst höchstens einige Tage in menschlicher Obhut befindlichen Tiere ohne Mühe.

Die Töne, die Igel von sich geben, sind recht unterschiedlich. Am häufigsten hört man das Schniefen und Schnaufen, aber auch ein Keckern oder mehr brummende Geräusche sind nicht selten. Den durchdringenden Angst- oder Schmerzensschrei hörte ich glücklicherweise nur einmal, und zwar während und nach einer anscheinend sehr schmerzhaften Injektion. Jungigel lassen außer fiependen auch zwitschernde Töne hören, die anscheinend dem Kontakt mit der Mutter und bei mutterlosen Würfen dem Kontakt untereinander dienen.

Ein Patient, dem in Vollnarkose 2 Zehen amputiert wurden, gab bei Nachuntersuchungen und -behandlungen Töne von sich, die große Ähnlichkeit mit einem Froschquaken hatten.

Gregory (1975, 1981), der sich intensiv mit dem afrikanischen Weißbauchigel *(Erinaceus albiventris)* befaßte, beobachtete bei werbenden Männchen das Hervorbringen einer Folge von Tönen. Er beschreibt die „Serenade" als eine Serie vogelähnlicher Pfiffe im Wechsel mit Lauten, die noch am ehesten dem Geräusch ähneln, das entsteht, wenn eine in rostigen Scharnieren hängende Tür langsam geöffnet wird. Gregory konnte solche Lautfolgen, die noch in einem Abstand von über 30 m deutlich hörbar waren, durch Tonbandaufnahmen belegen. Für den europäischen Igel ist ein solches Verhalten, zumindest im deutschsprachigen Schrifttum, meines Wissens nicht beschrieben bzw. nachgewiesen worden.

Tastsinn. Besonders empfindlich reagiert der Igel auf Berührungsreize des Kopfes, der Stirn- und Nackenstacheln und der Tasthaare. So wird das von Laien oft versuchte Streicheln des aufgerollten Igels in diesem Bereich auch von Tieren, die schon längere Zeit in menschlicher Obhut sind, als sehr störend empfunden. Sie sträuben die Stacheln und stoßen ruckweise nach oben – man bezeichnet es auch als Boxen – oder rollen sich sogar vollkommen ein. Auch die Zone des Übergangs zwischen Stacheln und Haaren ist empfindlich. Berührt man ein Tier dort, drückt es die betreffende Körperseite manchmal fest auf den Boden. Die Pfoten werden im allgemeinen zu den unempfindlicheren Körperteilen gerechnet, trotzdem bereitet zumindest das Vorziehen derselben zum Zwecke der Untersuchung oder des Krallenkürzens manchmal große Schwierigkeiten.

Das Streicheln der Rückenstacheln lassen sich meistens auch frisch gefundene Tiere ohne Widerstreben gefallen. Sie empfinden es anscheinend sogar als besonders angenehm, denn sie entspannen und strecken sich, und meist wird das Köpfchen bald sichtbar.

Viele zahme Tiere lassen sich gern den Bauch kraulen; sie liegen dabei auf dem Rücken oder etwas in Seitenlage, fast völlig ausgestreckt, die Beinchen vom Körper weg und machen den Eindruck zufriedener Genießer.

Lindemann (1951) hält Igel für wasserscheu, schreibt allerdings auch, daß sie ohne Mühe gebadet werden können.

Viele unserer Patienten erhielten regelmäßig ein Bad, teils zur Unterstützung der Flohbekämpfung, teils aber auch aus Gründen der Körperpflege.

Von einigen Pfleglingen wurde uns berichtet, daß sie sich gern, hauptsächlich mit dem Bauch, in den Trinknapf legen würden.

Die Vorliebe für Wärme scheint bei allen Igeln stark ausgeprägt zu sein. Einer unserer ersten Pfleglinge hatte sich unter dem Zentralheizungskessel verkrochen und war trotz großer Anstrengungen nicht mehr hervorzuholen. Da wir unsicher waren, ob sich das Tier nicht etwa eingeklemmt hätte, wagten wir nicht mehr zu heizen. Nachdem wir einen Tag gefroren hatten und das nunmehr kalte Plätzchen keine Anziehungskraft mehr für unseren Igel besaß, um so mehr Reiz aber

Abb. 12. Hoch-, Kreuz- und Querstellen der Stacheln.

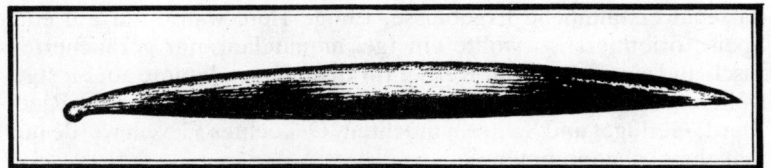

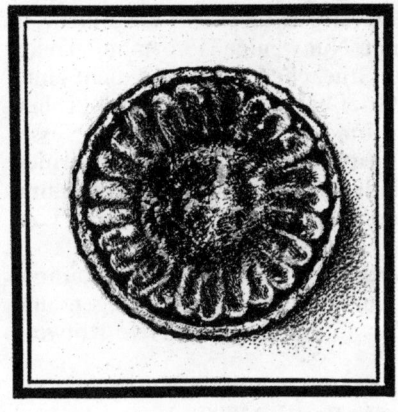

Abb. 13. Ganzer Stachel
und Querschnitt

von den gefüllten Futternäpfen ausging, kam er natürlich ohne alle
Mühe wieder zum Vorschein.

Igel bevorzugen überhaupt gern sehr niedrige Verstecke. Durch ihre,
im wahrsten Sinne des Wortes, Widerborstigkeit, d. h. durch das
Hoch-, Kreuz- und Querstellen ihrer Stacheln, lassen sie sich gegen
ihren Willen kaum aus solchen Plätzen hervorholen (Abb. 12 und
13). Ein Betreuer mußte einen halben Tag Arbeit in Kauf nehmen,
bis er seinen Pflegling aus dem doppelwandigen Teil seines Gasher-
des herausnehmen konnte.

Eine Betreuerin konnte trotz großer Mühe die 2 gerade im Garten gefundenen Jungigel nicht mehr in ihrem Auto wiederfinden. Nach
stundenlangem aufregendem Suchen wurden beide in einem Versteck in der Karosserie gefunden, völlig mit einem Mittel zur Hohl-
raumkonservierung beschmiert.

Geschmackssinn. Der Geschmack der Igel ist außerordentlich variabel und bei vielen Tieren auch während bestimmter Zeitabschnitte
sehr wechselhaft.

Rundfragen bei den Pflegeeltern der Überwinterungsigel brachten da recht erstaunliche Ergebnisse. Einige Tiere waren nur auf eine Speise orientiert; so wollte ein Igel monatelang nur geräucherten Fisch und ein anderer nur Kekse. Im allgemeinen konnte aber festgestellt werden, daß fast alle Tiere rohes, mageres Fleisch vom Rind, Pferd, Geflügel und Schwein mochten. Gekochtes Fleisch wurde nur manchmal abgenommen.

Viele Igel zeigten eine große Vorliebe für Schnittkäse und rohe oder gekochte Eier, aber auch für Rühreier. An Obst wurden Bananen, Rosinen und Weintrauben bevorzugt. Nur wenige Tiere nahmen nach unseren Recherchen ab und zu ein Stückchen Apfel und nicht einer rohes Gemüse. Gekochter Reis, Grießbrei, Pudding, Quark, roher, gekochter und geräucherter Fisch, Innereien, Babynahrung, Nüsse, Mandeln, Kuchen, Hundefertignahrung (z. B. Goldy), Mehlwürmer, Asseln und vereinzelt andere Gliederfüßer wurden angeboten und meistens angenommen. Einige Tiere bedienten sich ständig mit vom Hunde- oder Katzenfutternapf.

Getrunken wurden Wasser, Tee, verdünnte Milch (auch unverdünnte Milch wird gern getrunken, führt aber meist zu schweren Magen- und Darmerkrankungen), und auch der ab und zu verordnete Rotwein mit Bienenhonig schmeckte.

„Der Igel verschmäht auch geistige Getränke nicht und thut nicht selten hierin des Guten zu viel" schreibt Brehm (1890). Vielleicht wird deshalb in manchen Gegenden der Trinker als Saufigel bezeichnet.

Gern wurden Knochen aller Art abgeknabbert und zum Teil auch verzehrt, so z. B. Hühnerhälse und -flügel, aber auch Kotelettknochen. Süßes wird meist sehr geschätzt. Schlechten Fressern konnte eine Speise durch Zusatz von Honig oder Traubenzucker oft schmackhaft gemacht werden.

Zur Verzweiflung bringt manchen Betreuer der häufig sehr stark wechselnde Geschmack seines Pfleglings. Eine Woche möchte er Quark, dann einige Tage nur Fleisch, danach darf es eventuell Käse sein, und plötzlich wird ausschließlich Fisch abgenommen. Bittere, sehr saure oder salzige Speisen werden kaum gefressen.

Geruchssinn. Der Geruchssinn besitzt nicht nur eine wesentliche Bedeutung für die Nahrungssuche, sondern hilft auch, während der Brunstzeit einen Partner zu finden und warnt vor Feinden.

Feindliche Gerüche nimmt der Igel bereits auf einen Abstand von 9 m, Artgenossen während der Brunstperiode auf 5 bis 6 m und Beutetiere auf einen Abstand von etwa 1 m wahr. Meist durchläuft der Igel schnüffelnd und anscheinend etwas planlos sein Revier. Die

Nase ist feucht und ständig in Bewegung. Laub, Moos und Zweige werden berochen und umgedreht, Löcher gründlich mit der Nase untersucht. Ist er in der Nähe einer Beute angelangt, geht er recht zielstrebig darauf zu, eventuell noch durch sein Gehör unterstützt. Die Igel von Lindemann entdeckten mühelos 3 bis 4 cm tief eingegrabene Nahrung, wie es ja auch beim Auffinden von Regenwürmern und Engerlingen der Fall ist (Wilke, 1928).

Das Sicheinspeicheln

Bei bestimmten Tierarten liegt im Gaumendach zwischen Rachen- und Nasenhöhle das Jacobsonsche Organ. Seine Funktion ist nur zum Teil geklärt. Den Reptilien dient es als zusätzliches Geruchsorgan und wird durch Zungenbewegungen, das sogenannte Züngeln, mit Duftstoffen versorgt. Ebenfalls eng im Zusammenhang mit dem Jacobsonschen Organ steht das Flehmen, eine Ausdrucksbewegung aus dem Sexualverhalten mancher Säugetiere, z. B. Pferde, Katzen, Rinder und Giraffen.

Dem Igel steht das Jacobsonsche Organ als zusätzliches Sinnesorgan zur Verfügung. Seine Bedeutung und zugleich hiermit die besondere Eigentümlichkeit des Sicheinspeichelns, Selbstbespuckens, Sichbespuckens oder Selbstbespeichelns des Igels wurde durch Poduschka (1971) geklärt.

Über die Ursache des Selbstbespuckens, das bisher nur beim Igel beobachtet wurde, existieren viele Vermutungen. So wurden ein Vergiften der Stacheln, das Reinigen des Stachelkleides, Überdecken des Eigengeruchs, um ein Auffinden durch Feinde zu erschweren, und bestimmte Zusammenhänge mit dem Geschlechtsleben angenommen.

Eisentraut (1953) zieht Vergleiche zum „Einemsen" der Vögel, eine besonders durch Ameisen bzw. Ameisensäure, aber auch durch andere, meist saure Stoffe verursachte Reaktion. Die Tiere nehmen bei diesem Vorgang die jeweilige Substanz in den Schnabel und reiben mit ihr das Gefieder sehr gründlich ein. Dieser Zustand kann, wie beim Selbstbespucken des Igels, zu einer Art von Ekstase führen.

Herter (1938) schreibt, daß das Sicheinspeicheln anscheinend durch charakteristisch riechende oder schmeckende Substanzen hervorgerufen wird.

Poduschka (1971) beschreibt den Vorgang folgendermaßen (etwas gekürzt): „Die Geruchs- bzw. Geschmacksträger werden mit

Abb. 14. Sicheinspeicheln.

Speichel vermischt, dieser wird schaumig gekaut und durch einen besonderen, hinter den Schneidezähnen mündenden Gang in das Jacobsonsche Organ gebracht, in welchem sich Sinneszellen befinden. Ist die Reizaufnahme erfolgt, wird das schlauchartige Organ wieder ausgepreßt und durch bestimmte Drüsen gereinigt. Die Flüssigkeit wird jetzt unter meist großen Verrenkungen auf den Balg gebracht." Man hat den Eindruck, daß der Speichel mit der Zunge auf die Stacheln geschleudert wird. Der Vorgang kann unterschiedlich intensiv sein. Manches Tier bespeichelt sich geringgradig, vielleicht 2- bis 3-mal, ein anderes wiederum erheblich öfter, bis 50mal nach Lindemann (1951).
Die Igel scheinen hierbei völlig in Ekstase zu geraten, sie lassen sich durch nichts ablenken, wirken verkrampft, und manchmal fallen sie sogar bei ihren eigentümlichen Verrenkungen um (Abb. 14).
Die Substanzen, die zum Selbstbespucken führen, sind nicht bei jedem Tier die gleichen. Leder, Tabak, Schweiß und Felle, insbeson-

dere vom Fuchs, gehören sicher zu den bevorzugten Stoffen. Die Reaktion auf Cremes, Parfüme, Seifen und stark riechende Medikamente ist unterschiedlich.

Mancher Pflegling bespeichelt sich bei fast allen unbekannten Gegenständen, die in den Auslauf gestellt werden: Pappkartons (besonders die Klebestellen), Holzkloben, Bohnerbesen, Schuhe und vieles mehr. Bereits ein im Nebenraum benutzter Spray kann zu einem intensiven Selbsteinspeicheln führen. Den Vorgang beobachteten wir auch bei einem Gartenigel, der an seinem Futterplatz den Rest einer Fischkonserve entdeckte.

Entgegen der Behauptung von Lindemann (1951), daß als Nahrung angenommene Stoffe nie ein Selbstbespucken hervorrufen, beobachtete ich den Vorgang nach Beschnüffeln und Belecken von Quark, der ansonsten gern vom betreffenden Tier gefressen wurde. Auch berichtete ein Betreuer über das Selbstbespucken bei Kontakt mit Hundetrockenfutter, das ebenfalls zeitweilig gefressen wurde.

Der Vorgang des Selbstbespuckens wird bereits bei sehr jungen, etwa 1 Woche alten Tieren beobachtet.

Es wird nur bei gesunden Tieren gesehen, und Lienhardt (1979) wertete es prognostisch bei gelähmten Tieren. Sie schreibt: „Gelähmte Tiere, welche sich trotz verminderter Gelenkigkeit wieder einspeicheln, lernen auch wieder laufen." Als „appetitanregendes Mittel" ließ sich das Einspeicheln bei unseren Patienten nicht benutzen; dieses entspricht zwar den Beobachtungen von Lienhardt (1979), nicht jedoch denen von Lindemann (1951).

Natürliche Feinde des Igels

Durch sein Stachelkleid und die Fähigkeit des Einrollens kann sich der Igel der meisten Tiere erwehren, so daß glücklicherweise die Anzahl der natürlichen Feinde, die ihm wirklich gefährlich werden können, nicht sehr groß ist. An erster Stelle stehen größere Greifvögel und Eulen. Diese Tiere können, ohne sich zu verletzen, mit den Fängen durch das Stachelkleid gelangen.

Da sich die Aktivitätsphasen von Igel und Uhu überlagern und der Igel bei der Nahrungssuche sehr geräuschvoll vorgeht, steht der Igel dort, wo beide Tierarten vorkommen, mit an erster Stelle auf der Speisekarte des Uhus, und dieses bereits seit langer Zeit, was durch Funde in den jungpleistozänen Schichten der Lambrechtshöhle in Ungarn bewiesen wurde. An beiden Fundstellen dominierten Igel als Uhubeute.

Obwohl der Igel vom Bauch her aufgebrochen und ausgehöhlt wird, finden sich in den Gewöllen häufig Igelstacheln. Letztere sind nicht ganz ungefährlich für den Uhu. Sie können zu Verletzungen und unter Umständen sogar zum Tode führen (Bochenski, 1968).

Poduschka (1971) rechnet auch die Krähen mit zu den natürlichen Feinden.

Iltis, Marder, Fuchs und Dachs erlegen ab und zu einen Igel. In Winterhöhlen des Iltis werden gelegentlich ausgefressene Igelbälge gefunden.

Nicht vollkommen eingerollte Igel oder kranke, verletzte oder geschwächte Tiere lassen sich leichter erbeuten. Die häufig beschriebene Methode der Füchse und Hunde, Igel zu Wasserstellen zu rollen, um sie dann leichter töten zu können, mag in einzelnen Fällen vorgekommen sein, erscheint aber als Verallgemeinerung sehr fragwürdig. Wenig glaubwürdig ist auch die Behauptung, der Fuchs würde durch das Anspritzen mit Urin den eingerollten Igel zum Aufrollen zwingen und ihn dann töten.

Hunde greifen nur selten Igel an, meist verbellen sie sie bloß. So

brachte mancher Gartenbesitzer mehrere von seinem Hund aufge-
stöberte Jungigel zu uns. Nur in 2 Fällen wurden mir von Hundebesit-
zern Hunde, es handelte sich beide Male um Terrier, und Igel, jeweils
beide mit erheblichen Verletzungen, in die Praxis gebracht. In einem
Fall hatte der Hund, es war ein Bedlingtonterrier, den Igel vom Garten bis in die Wohnung getragen und auf einen Sessel abgelegt. Beide
Tiere waren längere Zeit in tierärztlicher Behandlung. Den Igel hatte
ich 2 Monate in häuslicher Pflege. Die zumeist recht tiefen Bißverletzungen waren zum Termin des Wiederaussetzens völlig abgeheilt,
und es hatten sich bereits neue, wenn auch kleine Stacheln gebildet.

Allerdings fällt eine gewisse Anzahl Igel alljährlich freilaufenden
Hunden zum Opfer, ohne daß bei letzteren überhaupt Verletzungen
festzustellen sind.

Jantschke (1987) teilte mit, daß mehrere von Hoeck zu Forschungs-
zwecken in einem Gehege gehaltene Igel im Winter mit abgenagten
Stacheln und tiefen Wunden im Nackenbereich aufgefunden wurden.
Da die Nester nicht zerstört und keine Spuren im Schnee sichtbar waren, wird vermutet, daß Kleinsäuger, z. B. Ratten oder Mäuse, diese
z. T. tödlichen Verletzungen bei den sich im Winterschlaf befindlichen Tieren verursacht haben.

Die Verwendung des Igels durch den Menschen

Da die Vorgänge, die beim Eintritt und während des Winterschlafs sowie beim Aufwachen aus demselben im Körper vor sich gehen, von großem Interesse für die Wissenschaft sind, wird der Igel, als echter Winterschläfer, auch als Versuchstier gehalten. Nicht zuletzt durch die an ihm und anderen Winterschläfern gemachten Beobachtungen läßt sich, analog zum natürlichen Winterschlaf, bereits jetzt beim Menschen durch bestimmte Medikamente eine Art von künstlichem Winterschlaf (Hibernation) erzielen. Nach schweren Belastungen, z. B. durch große chirurgische Eingriffe, soll dadurch die Herstellung des physiologischen Gleichgewichts des Organismus erleichtert werden.

In der Heilkunst vergangener Zeiten sprach man den einzelnen Körperteilen des Igels eine günstige Wirkung bei vielen Krankheiten zu. So wurden bereits im Papyrus Ebers, vermutlich aus der altägyptischen 18. Dynastie (1551–1306 v. u. Z.) stammend, Haare oder verbrannte Stacheln als Hauptbestandteile eines Mittels gegen kreisförmigen Haarausfall erwähnt.

Im Mittelalter war man der Meinung, daß Stachelbalg, Organe und Fett, meist nach entsprechender Verarbeitung, Erstaunliches vollbringen konnten. So galt das rechte Auge eines Igels, in Leinöl gebraten und aus einem Kupfergefäß genossen, als probates Mittel gegen Nachtblindheit. Auch die Methode, sich Asche aufs Haupt zu streuen, war damals schon bekannt. Allerdings zu einem etwas anderen Zweck als heutzutage, es sollte nämlich bei Glatzköpfen den Haarwuchs fördern. Aber nicht nur im Mittelalter, sondern auch noch im 20. Jahrhundert werden Igel oder Teile ihres Körpers zur Linderung oder Heilung bestimmter Leiden empfohlen. So zählt der Heilpraktiker Ganser in seinem 1921 erschienenen Buch „Sympathie und Zaubermedizin" nicht nur Kot, Urin, Regenwürmer, Schnecken, Ohrenschmalz und Heringslake, sondern auch in Öl eingeweichte Igelasche mit zu seinem Arzneimittelschatz.

In Spezialgaststätten des heutigen China werden aus den unterschiedlichsten Ingredienzien Gerichte angefertigt, denen eine Heilwirkung bei bestimmten Erkrankungen zugesprochen wird. Eine dieser Zutaten ist Igelhaut. Sie soll Heilstoffe zur Behandlung von Blasenleiden enthalten.

Auch die Fellachen (Bauern) im jetzigen Ägypten bedienen sich in ihrer Heilkunst u. a. der Bestandteile des Igelkörpers zur Drogenherstellung.

Das Stachelkleid diente jahrhundertelang verschiedenen Zwecken. Brehm schreibt: „Auch noch nach seinem Tode muß der Igel dem Menschen nützen ... Die Stachelhaut benutzten die alten Römer zum Karden ihrer wollenen Tücher, und man trieb deshalb mit Igelhäuten lebhaften Handel, welcher so bedeutenden Gewinn abwarf, daß er durch Senatsbeschlüsse geregelt werden mußte. Außerdem wandte man den Stachelpelz als Hachel an. Heutigentags noch sollen manche Landwirte von dem Igelfell Gebrauch machen, wenn sie ein Kalb absetzen wollen, dem noch sauglustigen Tiere nämlich ein Stückchen stachliges Igelfell auf die Nase binden und es dann der Mutter selbst überlassen, den Säugling, welcher ihr äußerst beschwerlich fällt, von sich abzutreiben und an anderes Futter zu gewöhnen.

Manchmal wird ein Igelfell in seiner wahren Gestalt von Mützenmachern auch zu einer sonderbaren stachligen Kopfbedeckung verarbeitet."

Auch als Vorgänger des Stacheldrahts spielte das Stachelkleid seine Rolle. In Streifen geschnitten und auf Zäune genagelt, konnten so die Obstdiebe ferngehalten werden. Die Benutzung des Stachelbalges scheint auch in neuerer Zeit noch üblich gewesen zu sein. Im ethnographischen Museum der Motzen in Lupşa (Rumänien) konnten wir mehrere auf Holz gezogene Stachelbälge betrachten. Wahrscheinlich wurden sie im Bearbeitungsprozeß von Wolle oder pflanzlichen Fasern verwendet; möglicherweise wurde jene Methode aus der Zeit der römischen Besetzung übernommen, gehörte doch das Gebiet der Motzen wegen seines Silberreichtums zu den von den Römern besonders geschätzten Kolonien.

In Spanien war das Fleisch des Igels früher eine beliebte Fastenspeise. Sicher wurde es in Notzeiten auch von anderen Menschen gegessen. Der oft kärgliche Speisezettel der Zigeuner wurde und wird in einigen Ländern auch heute noch durch den Igel bereichert. Letzteres ist u. a. einem Roman und Erzählungen des bekannten ungarischen Zigeunerschriftstellers Menyhért Lakatos zu entnehmen.

Welche Igel sind pflegebedürftig?

Zu Anfang sollte nachdrücklich darauf hingewiesen werden, daß nur dann ein Tier aufgenommen werden darf, wenn fachgerechte Unterbringung und Haltung gewährleistet sind. Man sollte sich darüber klar sein, daß die Betreuung des kleinen Pfleglings über die Dauer von 5 bis 6 Monaten Zeit, Platz und Geld kostet. Sind die Voraussetzungen zur vorübergehenden Unterbringung und Ernährung nicht gegeben, ist das Tier auf keinen Fall aufzunehmen, da für ihn die Aussicht, den Winter in freier Natur zu überleben, dann immerhin noch größer ist als in Gefangenschaft. Bevor wir einen Igel aus seiner normalen Umgebung in unsere Obhut nehmen, müssen wir auch sicher sein, daß Überlebenschancen ohne menschliche Hilfe nicht oder kaum vorhanden sind. Bei dem überwiegenden Anteil der Pfleglinge handelt es sich um Jungtiere, die erst Ende September oder im Oktober geboren wurden. Die Aussagen über die erforderliche Körpermasse zur Überwinterung in freier Natur variieren erheblich (siehe auch Abschnitt: „Der Winterschlaf"). In den letzten Jahren ist jedoch eine deutlich sinkende Tendenz festzustellen. Jahrzehntelang wurden 700 g als erforderliches Winterschlafgewicht angesehen. Die neueren Angaben schwanken zwischen 450 bis 600 g. Esser (1984) und Hahn (1986) führen mehrere Beispiele an, wonach auch Tiere mit einer Körpermasse unter 400 g den Winterschlaf in freier Natur bei z. T. extremer Kälte (−30 °C) gut überstanden. Weitere Untersuchungen zu diesem Thema werden hoffentlich zu einem einheitlichen Standpunkt führen. Gehen wir von einem erforderlichen Überwinterungsgewicht von 500 g aus, müßte der Jungigel Anfang Oktober ungefähr 200 g und Mitte Oktober etwa 350 g wiegen, um Anfang November die notwendige Körpermasse zu erreichen. Allerdings sollten bei milder Witterung, wie z. B. im Jahre 1986, wo das winterliche Wetter erst Ende Dezember seinen Anfang nahm, gering untergewichtige Tiere sicher nicht aufgenommen werden. Hier ist eher eine abwartende Haltung zu empfehlen.

Bei in eigener Obhut befindlichen Herbstpfleglingen konnte bei optimaler Fütterung und Haltung eine tägliche Körpermassezunahme von etwa 10 g registriert werden. Dieses entspricht den Angaben von Neumeier (1979), die sich sehr ausführlich mit der Gewichtsentwicklung des Igels während der Überwinterung in menschlicher Obhut befaßte. In freier Wildbahn, zumindest im Spätherbst, wird diese Körpermassezunahme wohl nur selten erreicht werden und im allgemeinen erheblich tiefer liegen. Neumeier (1986) gibt Schätzwerte von 5 bis höchstens 7 g Tageszunahme an.

Außer untergewichtigen und geschwächten Tieren sollten natürlich auch sichtlich kranke oder verletzte Tiere aufgenommen werden. Einigen von ihnen kann vielleicht nicht mehr geholfen werden, aber ein schmerzloses Töten in einer Tierarztpraxis ist immerhin einem längeren Dahinsiechen vorzuziehen. Bei den verletzten Tieren handelt es sich oft um Opfer unüberlegter Reisig- und Laubverbrennungsaktionen. Es kann nicht oft genug darauf hingewiesen werden, daß vor dem Verbrennen eine Umsetzung von Laub und Reisig stattfinden sollte. Es wurden uns Tiere mit zum Teil recht schweren Verbrennungen in der Sprechstunde vorgestellt.

Auch durch Gartengeräte aller Art einschließlich mit Rasenmähern verwundete Igel wurden uns gebracht und vereinzelt auch mit durch Hunde hervorgerufenen Bißverletzungen.

Generell kann man sagen, daß alle Tiere, die offene Wunden aufweisen, pflegebedürftig sind. Erst nach vollkommener Abheilung derselben sollten sie wieder in Freiheit gesetzt werden, und das kann durchaus 4 bis 6 Wochen dauern.

Werden sie mit noch nicht völlig abgeheilten Verletzungen ausgesetzt, kommt es, weil Fliegen ihre Eier in die Wunden ablegen, häufig zu einem tödlich verlaufenden Madenbefall.

Auch fast verhungerte und verdurstete Tiere, die bei der Nahrungssuche in nicht abgedeckte Baugruben oder leerstehende Wasserbecken gefallen waren, wurden uns vorgestellt. Wenn sich solche Igelfallen nicht vermeiden lassen, sollten sie entweder abgedeckt oder zumindest mit einem schrägen Laufbrett, möglichst mit Querhölzchen wie eine Hühnerleiter, versehen werden.

Auch an die Gefahr des Ertrinkens in Behältnissen mit Wasser ist zu denken. Der Igel kann nur kurze Zeit schwimmen, und wenn er keine Möglichkeit zum Herausklettern findet, muß er ertrinken.

Sowohl die nicht abgedeckten Gruben als auch die gefüllten Wasserbehältnisse ohne eine entsprechende Möglichkeit zum Herausklettern werden auch häufig anderen Wild- oder Haustieren zum Verhängnis.

So sind mir mehrere Fälle bekannt, bei denen sogar Hauskatzen in den im Garten befindlichen Badebecken ertranken.

Zum Schluß dieses Abschnittes noch einen Hinweis. Auch der Igel kann, wie alle anderen Säugetiere, an Tollwut erkranken. Zwar wurde diese Erkrankung bisher nur vereinzelt bei ihm festgestellt und der Krankheitsverlauf beim Igel meines Wissens noch nicht beschrieben, trotzdem verpflichtet ihre außerordentliche Gefährlichkeit zu einer gewissen Vorsicht beim Aufnehmen verletzter Tiere, insbesondere aus Tollwutsperrgebieten.

Stirbt ein solcher Pflegling, nachdem er nur einige Tage oder Wochen in menschlicher Obhut war, sollte, auch wenn keine Menschen durch ihn verletzt wurden, eine Untersuchung auf Tollwut in Betracht gezogen werden. Diesbezüglich wendet sich der Betreuer an den zuständigen Tierarzt, der das Weitere dann in die Wege leiten wird.

Erste Maßnahmen
bei der Aufnahme des Pfleglings

Die meisten Igel sind außerordentlich von Außenschmarotzern befallen, umsonst werden sie nicht häufig als Flohigel bezeichnet. Hunderte Flöhe an einem Tier sind durchaus keine Seltenheit. Ein solcher massiver Befall kann bei einem bereits geschwächten Tier zu einer schweren Blutarmut und sogar zum Tode führen. Um zu vermeiden, daß wir außer unserem Pflegling noch einige Hundert Flöhe aufnehmen, die in kurzer Zeit den Auslauf und die Schlafkiste mitbewohnen und sich dann nur mit sehr viel Mühe beseitigen lassen, sollte der neuaufgenommene Gast als erstes gründlich handwarm abgeduscht werden.

Er kann hierbei ruhig 2 bis 3 cm tief im Wasser stehen, dann wird ein Teil der Flöhe, die sich an der Unterseite des Körpers befinden, ebenfalls mit entfernt.

Die Igelflöhe saugen etwa 10 bis 20, höchstens aber 60 Minuten; während dieser Zeit fallen sie in einen Starrezustand und saugen auch unter Wasser weiter (Sgonina, 1935). Aus diesem Grunde empfiehlt es sich, das Abduschen in einer Stunde zu wiederholen. Zwischen dem 1. und dem 2. und nach dem 2. Duschen wird der Igel entweder gut trocken frottiert oder vorsichtig gefönt und danach noch warm eingepackt, bis er absolut trocken ist. In der Praxis nehmen wir gern Zellstoff zu diesem Zweck, da er sehr stark aufsaugt. Wir wechseln ihn mehrere Male aus, bis er trocken bleibt.

Nur wenn das gerade gefundene Tier sehr geschwächt oder unterkühlt ist, sehen wir vorläufig von der Flohbekämpfung ab, da es natürlich eine erhebliche zusätzliche Belastung für den bereits sehr mitgenommenen Pflegling bedeutet.

Außer Flöhen werden sich noch häufig Zecken am Igel befinden. Sitzen sie an gut zugänglichen Stellen, sind sie leicht zu entfernen. Man betupft sie mit Öl oder Fettcreme, wartet etwa eine Minute und dreht sie dann mit einer Pinzette heraus. Auf keinen Fall mit einem Ruck herausziehen, wie es manchmal noch erklärt wird, denn dadurch verbleiben unter Umständen Teile des Parasiten in der Haut, die dann zu schlimmen Entzündungen führen können.

Befindet sich keine Küchenwaage im eigenen Haushalt, sollte man versuchen, eine bei Nachbarn oder Bekannten auszuleihen. Es empfiehlt sich nämlich sehr, Fundgewicht und Gewichtszunahme festzustellen und möglichst auch aufzuschreiben. Das Funddatum sollte man sich ebenfalls merken.

Man darf es keinesfalls versäumen, den Pflegling kurzfristig einem Tierarzt vorzustellen. Am günstigsten ist es, gleich eine Kotprobe mitzunehmen, und zwar in Form einer Sammelkotprobe von etwa 3 Tagen.

Igel sind fast 100%ig von Innenschmarotzern, insbesondere Lungenwürmern befallen. Ein neu vorgestellter Patient wird deshalb sofort einer Wurmkur unterzogen, ohne das Ergebnis der Kotprobe abzuwarten. Oft wird der Tierarzt auch eine Vitamininjektion verabreichen, Mineralstoff- und Vitaminpräparate verschreiben und Ratschläge hinsichtlich Fütterung und Unterbringung geben.

Unterbringung und Pflege des Igels unter häuslichen Bedingungen

Die Unterbringung des Igels hängt natürlich sehr von den gegebenen Möglichkeiten ab. Auf jeden Fall braucht er ein nicht zu großes, oben geschlossenes Schlafkistchen, von unten gut isoliert mit Zeitungen, möglichst mit reichlich Lappen zum Verkriechen versehen und mit einem Schlupfloch. Heu, Blätter, Watte und Zellstoff sind als Nestmaterial nicht geeignet. Sie bleiben an den Stacheln hängen und verschmutzen unnötig den Auslauf. Watte ist außerdem noch gefährlich; kleine Fasern können sich um die Zehen wickeln und so zum Abschnüren derselben führen.

Kranke, geschwächte und natürlich sehr junge Igel, die in freier Natur noch von der Mutter und den Geschwistern im Nest gewärmt werden, benötigen eine Raumtemperatur von mindestens 18°C. Manchmal wird eine zusätzliche Wärmequelle wie Gummiwärmflasche oder/und Rotlichtlampe erforderlich sein.

In den letzten Jahren wird zunehmend die Frage der Kalthaltung diskutiert. So berichtet Kühne (1984), daß 34 von ihr in Kaltgehegen untergebrachte gesunde Tiere auch in Frostnächten gut fraßen und im Dezember mit einer Körpermasse von 450 bis 550 g in den Winterschlaf gingen. Dieses entspricht im wesentlichen den Beobachtungen von Schubert und Röder (1987), die allerdings bei Temperaturen unter 0°C eine sehr deutliche Reduzierung der Futteraufnahme feststellten.

Abgesehen vom Vorteil des Verbleibens in natürlicher Umgebung, zumindest was Temperatur und Luftfeuchtigkeit betrifft, bedeutet eine solche Haltung auch eine erhebliche Verringerung des erforderlichen Arbeitsaufwandes.

Da der Igel am Tage schläft, sollte es in seinem Schlafraum ausreichend dunkel sein. Zwecks Säuberung desselben wäre ein Behältnis mit abnehmbarem Deckel günstig.

Des weiteren wird ein Auslauf benötigt. Sehr günstig ist es, wenn dafür reichlich Platz gegeben werden kann. Unseren Igeln stellten wir

z. B. Küche und Flur zur Verfügung, das ließ sich aber nur durchführen, weil sie glücklicherweise alle einen festen Kotplatz hatten.

Die Mindestanforderungen sollten aber doch 2m^2 und möglichst oft eine größere Lauffläche sein.

Einige unserer Betreuer hatten eine Dreiteilung der Igelwohnung vorgenommen, und zwar in Schlafhäuschen, Auslauf mit Spielplatz und Eßecke.

Wichtig ist es, daß sich im Auslauf Gegenstände befinden, mit denen der Igel sich beschäftigen kann. Er möchte in Kartons kriechen, Gefäße umkippen und kullern, den Papierkorb untersuchen, einen zusammengerollten Läufer als Nebenwohnung und Versteck einrichten, Lappen oder alte Schuhe durch den Raum zerren und ähnliche geräuschvolle Arbeiten verrichten.

Manchmal auch gefällt unserem Igel sein Schlafhäuschen nicht mehr, und er zieht mitsamt der „Einrichtung" in ein ihm mehr zusagendes Quartier, oder er richtet sich eine Zweitwohnung ein, um abwechselnd mal in dem einen, mal in dem anderen Nest zu schlafen.

Der Versuch, den Pflegling mit ins eigene Schlafzimmer zu nehmen, dauert höchstens eine Nacht, dann sieht auch der Betreuer mit dem festesten Schlaf von diesem nächtlichen Zusammensein ab. Eine Ausnahme sind Tiere, die ihren verspäteten Winterschlaf im ungeheizten Schlafzimmer halten.

Die Begrenzung des Auslaufs muß mindestens 40 cm hoch und gerade sein, da der Igel recht gut klettern kann und dabei u. U. die Gefahr einer Verletzung besteht. Einer unserer Patienten verklemmte sich beim Klettern so mit der Pfote, daß sie ausgekugelt wurde. Das Tier mußte eingeschläfert werden. Im Auslauf richten sich die meisten Igel einen festen Kotplatz ein. Mit einem Stapel Zeitungen ausgelegt läßt er sich gut reinigen. Sollte das Tier sich schwer daran gewöhnen, empfiehlt es sich, die obere Zeitung etwas mit seinem Kot zu beschmieren. Einer unserer Patienten benutzte ausschließlich die Katzentoilette mit, so daß der Betreuer große Schwierigkeiten hatte, uns Kotproben zur Untersuchung zu bringen. Auch die Igel von Lindemann (1951), Bestajovski (1976) und Lienhardt (1979) hatten feste Kotplätze, nur die Tiere von Poduschka (1969) setzten den Kot wahllos ab.

Der Kot ist beim gesunden Igel geformt und walzenförmig und, etwas in Abhängigkeit von der Ernährung, grünbräunlich gefärbt.

Wenn der Schlafraum zwar fast immer sauber bleibt, läßt sich das von der Eßecke nicht unbedingt behaupten. Zwar gibt es Tiere, die ordentlich und gesittet ihre Näpfchen leeren und sich selbst auch sauberhalten. Andere jedoch laufen durch die Futter- und Trinkgefäße, kippen sie um und beschmutzen sich und ihre Umgebung mit Ei, Quark, Pudding oder anderem angebotenen Futter. Der Ausdruck „Swinigel" scheint in diesem Zusammenhang also nicht ganz aus der Luft gegriffen zu sein. Igel sollten aus diesem Grunde ruhig ab und zu in handwarmem Wasser gebadet werden. Bei starker Verschmutzung schadet ein Zusatz von Babyshampoo auch nicht, dann allerdings gründlich abspülen.

Zur Vorbeugung gegen Rachitis ist es sehr wichtig, daß unsere Jungigel möglichst häufig in den Genuß von direkter Sonnenbestrahlung (Ultraviolettstrahlung) kommen. Ein Teil der im Frühjahr auftretenden Igellähmungen scheint auf einen Mangel daran zu beruhen. Sonniges Wetter sollte also stets für ein kleines Sonnenbad auf dem Balkon oder am offenen Fester ausgenutzt werden. Allerdings darf ein Igel nicht längerer Zeit der prallen Sonne ohne Unterschlupfmöglichkeiten ausgesetzt werden, sonst besteht Hitzschlaggefahr.

Täglich Höhensonne, mit 1 Minute beginnen und allmählich auf 3 Minuten ausdehnen, immer unter Schutz der Augenpartie, etwa 10 Tage lang, würde denselben Zweck erfüllen. Solche Kur kann während der 5- bis 6monatigen Pflegeperiode noch einige Male wiederholt werden.

Ernährung und Versorgung des Igelsäuglings

Bestajkovsky (1976) rechnet Tiere mit einem Gewicht bis zu 130 g zu den Igelsäuglingen, obwohl auch erheblich schwerere Igel zusätzlich zur festen Nahrung noch bei der Mutter säugen. Die Aufzuchterfolge bei Tieren um und über 100 g waren gut; Babys unter 70 g überlebten nur selten, allerdings wurden sie oft bereits stark unterkühlt, sehr lebensschwach und voller Fliegenmaden gebracht.

Ein Igel, der normalerweise noch im Familienverband mit Mutter und Geschwistern leben würde, braucht viel mehr Aufwand als ein größeres Tier, das auch in der Natur bereits auf sich selbst gestellt wäre.

Es reichen bei einem solchen Kleinstpflegling nicht das Reichen der Nahrung und das Vorhandensein des warmen Nestes, sondern ein zusätzlicher Kontakt mit der Pflegeperson scheint sehr wichtig zu sein. Man sollte ein Igelbaby deshalb nach der Fütterung noch ein Weilchen auf dem Schoß halten, es streicheln und ihm leise zusprechen.

Lienhardt (1979) schreibt: „Bei der Einzelaufzucht mutterloser Säuglinge waren dann Verhaltensstörungen festzustellen, wenn solche Einzeltiere ohne jegliche Nestwärme, Hand- und Streichelkontakt aufgezogen wurden." Sie berichtet dann von einem 140 g schweren männlichen Igelsäugling, der in einer Kiste im Keller untergebracht und ohne menschliche Kontakte auf 560 g gefüttert wurde. Als sie das Tier übernahm, war es so verstört, daß es bei seinen ersten vorsichtigen Streifzügen durch die Wohnung in Stuhlbeine, Pflanzen und Töpfe biß. Noch mit 1155 g hatte es keine normale Umweltbeziehung. Erst als es während der Brunstzeit in einem Garten mit weiblichen Tieren angesiedelt wurde, löste es sich aus seiner Isolierung und begann nachts herumzulaufen.

Bestajovsky (1976) beobachtete wiederholt bei aufgenommenen Tieren zunächst eine Art von Gefängniskoller. Die Tiere geben hierbei klopfende Geräusche von sich, deren Entstehungsart sie jedoch nicht klären konnte. Durch Streicheln und gutes Zureden erreichte sie jedoch eine baldige Beruhigung der Tiere. Die Befürchtung, daß ein Igel, der zu seiner Pflegeperson Kontakt gefunden hat, sich in der Freiheit nicht zurechtfindet, wurde durch entsprechende Erfahrungen widerlegt.

Dem Igelbaby wird mit Hilfe einer umwickelten Gummiwärmflasche ein warmes Nest bereitet; es wird leicht zugedeckt, und das Tier findet eine zusätzliche Rotlichtbestrahlung meist recht behaglich.

Bei der natürlichen Aufzucht liegen die Igelkinder, während die Mutter ziemlich hochbeinig dasteht, beim Säugen auf dem Rücken und führen dabei den Milchtritt gegen das Gesäuge des Muttertieres (Meyer, 1983). Wird die Rückenlage der Igel nicht beachtet, gelingt es häufig nicht, ihnen Nahrung einzuflößen. Am besten legt man deshalb die Kleinen mit dem Rücken in die Handfläche der einen Hand und reicht mit der anderen Hand die Nahrung mit Hilfe von Pipette, Spritze oder Puppenbabyflasche (Abb. 15). Die Tiere nehmen dann, wenn sie nicht schon zu sehr geschwächt sind, den Muttermilchersatz ohne Mühe. Sie treten hierbei, ähnlich wie Hunde- und Katzensäuglinge, gegen die fütternde Hand. Natürlich darf die Nahrungslösung nicht zu schnell fließen, damit der Pflegling sich nicht verschluckt.

Wir empfehlen mit gutem Resultat zunächst eine Mischung von $^{1}/_{2}$ Kamillen- oder Fencheltee und $^{1}/_{2}$ Vollmilch, sehr leicht mit Grießmehl angedickt, mit etwas Bienenhonig und Eigelb sowie einer Messerspitze einer Vitamin-Mineralstoff-Mischung. Alle 2 bis 3 Stunden wird gefüttert. Mengenmäßig lassen wir innerhalb von 24 Stunden 25 bis 35% der Körpermasse des Tieres füttern. Da Igelmilch viel Fett enthält, sollte man durch Zusatz von Kaffeesahne die Nahrung allmählich fetter machen. Allerdings ist bei der künstlichen Säuglingsaufzucht immer mit Verdauungsstörungen zu rechnen, deshalb muß ein Mittel gegen Durchfall unbedingt zur Hand sein. (s. Krankheiten des Verdauungstraktes).

Die Zusammensetzung der Igelmilch wird von Miller Ben Shaul (Versluys, 1975) folgendermaßen angegeben:

Wasser	79%
Fett	10%
Eiweiß	7%
Kohlenhydrate	2% (Lactose)
Asche	2%

Nach jeder Mahlzeit werden Bauch- und Afterregion vorsichtig mit dem Finger massiert und die dabei abgesetzten Ausscheidungen mit Zellstoff abgetupft.

Abb. 15. Füttern des Igelsäuglings im Liegen.

Sobald als möglich sollten die Igel daran gewöhnt werden, die Nahrung selbständig aus einer Schüssel zu nehmen. Sie werden dann
durch Zusätze von gut zerkleinertem, magerem rohem Fleisch und
weichem Obst allmählich an feste Nahrung gewöhnt.
Die benutzten Schüsseln müssen einen festen Stand haben, denn sie

dürfen nicht umkippen, wenn die Tiere ihre Vorderbeine auf den Rand derselben stellen. Gut bewährt haben sich hier Deckel von Weck- und Industriegläsern. Um Erkrankungen durch den Verzehr angesäuerter Futterreste zu vermeiden, ist auf peinliche Sauberkeit der Futtergeschirre zu achten.

Ernährung des abgesetzten Igels

Wie bereits ausgeführt, gehört der Igel zwar zu den Insektenfressern, frißt aber in der Natur auch Schnecken, Regenwürmer, Frösche, Eidechsen, Schlangen, nestjunge Säugetiere und Vögel, Obst, insbesondere Beeren, Nüsse, Fisch, tierisches Aas sowie Eier von Bodenbrütern; nach Lindemann (1951) aber nur Eier, die kleiner als $39 \times 28\,mm$ sind.

In der menschlichen Obhut wird diese Nahrungspalette kaum geboten werden können. Trotzdem sollte man sich bemühen, das Futterangebot vielseitig und abwechslungsreich zu gestalten.

Folgende, auf eigenen Erfahrungen basierende Vorschläge werden für die Ernährung unterbreitet:

kleingeschnittenes, nicht zu fettes Fleisch vom Rind, Pferd und Schwein, am liebsten roh, jedoch wird es gekocht auch manchmal gefressen; Fisch roh und gekocht, die Gräten werden entweder kleingehackt oder sehr gründlich entfernt; Schnittkäse und Quark; Eier in jeder Form, allerdings häufig bevorzugt als Rührei (ohne Gewürze natürlich); Hunde- und Katzenfertigfutter, und zwar sowohl Konservenfeuchtfutter als auch Pellets; süßes und weiches Obst, wie Birnen, Weintrauben, Pflaumen, Pfirsiche und Bananen; Rosinen, geschälte Hasel- und Walnüsse, als kalorienreiche Nahrungsmittel sollten sie insbesondere geschwächten Tieren gereicht werden. Äpfel mögen nur die wenigsten, wahrscheinlich sind sie den Igeln zu sauer. Gemüse wurde ab und zu im gekochten Zustand abgenommen, roh niemals.

Besonders wichtig ist ein Zusatz von harter Kost, denn auch bei dem Verzehr von vielen Beutetieren hat das Igelgebiß viel zu tun. Man denke nur an den harten Chitinpanzer mancher Insekten. Wir empfehlen deshalb ganz dringlich, den Pfleglingen Hühnerflügel und -hälse oder auch Knochen größerer Tiere zum Abknabbern anzubieten. Die weicheren, knorpeligen Anteile werden meist vollkommen abgefressen und die zu harten Reste häufig ins Schlafhäuschen geschleppt. Wird den Pfleglingen nur weiche Kost gegeben, kommt es zu einer starken Zahnsteinbildung und hierdurch verursacht zu Zahnfleischentzündungen. Diese sind nur in den seltensten Fällen zu beheben und führen fast immer durch absolute Futterverweigerung zum Tode des Tieres.

Da die gereichte Kost oft zu fettarm ist, sollte auch regelmäßig etwas Sonnenblumen- oder Salatöl durch das Futter gemischt werden, und zwar je nach Größe des Tieres einige Tropfen bis zu einem viertel Teelöffel voll. Die darin enthaltenen Stoffe beugen gleichzeitig einem übermäßigen Stachelausfall vor.

Tägliche Gaben von Calcipot oder von der Vitamin-Mineralstoff-Mischung für Kleintiere, je nach Körpermasse eine reichliche Messerspitze bis etwa $1/4$ Teelöffel voll, und täglich oder jeden 2. bis 3. Tag 1 Tropfen Summavit brauchen die Pfleglinge ebenfalls, um gut über den Winter zu kommen.

Lebende Kost wird insbesondere in der Zeit vor dem Wiederaussetzen angeboten. Mehlwürmer und Insekten kommen hier in Frage, Schnecken und Regenwürmer als Hauptüberträger von Innenschmarotzern sollten auf keinen Fall gegeben werden.

Der Flüssigkeitsbedarf wird durch Wasser, Tee und eventuell durch stark verdünnte Milch gedeckt. Unverdünnte Milch ist unverträglich. Wahrscheinlich verfügt der Igel, ebenso wie erwachsene Hunde und Katzen, nicht über das Enzym Lactase, das zur Aufschließung des in der Milch enthaltenen Milchzuckers (Lactose) erforderlich ist. Der nicht gespaltene Milchzucker fördert das Wachstum verschiedener Darmbakterien und löst schwere, unter Umständen tödlich verlaufende Durchfälle beim Igel aus.

Es kann nicht vorausgesagt werden, welche Nahrung der neu aufgenommene Pflegling bevorzugen wird. Am besten bietet man zunächst zur Auswahl Fleisch, Käse, gekochtes Ei, Obst, Rosinen und Nüsse an, natürlich von allem nur ein wenig und ruhig alles in einem Futternäpfchen. Bald zeigt sich dann, was unserem Igel schmeckt.

Abgelehnte Nahrungsmittel können allerdings einige Tage oder Wochen später zu den bevorzugten gehören. Deshalb sollte man sie unbedingt in gewissen Zeitabständen wieder anbieten. Besonders wichtig ist es, daß das Tier sich satt essen kann.

Die in vielen Empfehlungen zur Igelernährung angegebenen 1 bis 2 Eßlöffel Futter sind für den schnell wachsenden und meist unterernährten Pflegling viel zu wenig. Erst ab einer Körpermasse von 1000 bis 1200 g sollte reduziert werden.

Ist die Zeit herangenaht, in der unser Pflegling der Natur wieder zurückgegeben werden kann, ist eine Zufütterung zur Eingewöhnung des Tieres in seiner neuen und oft auch alten Umgebung sehr wünschenswert.

Der verspätete Winterschlaf

Auf Grund einer schriftlichen Befragung von etwa 130 Igelbetreuern konnten wir feststellen, daß ungefähr 25 % der Tiere auch in häuslicher Pflege einen Winterschlaf hielten. Ab einem bestimmten Zeitpunkt nahmen sie keine Nahrung mehr zu sich, füllten das Schlafhäuschen und verstopften dessen Eingang mit allem, was tauglich erschien (ein Igel benutzte hierzu das Nachthemd seiner Betreuerin), und begannen ihren Winterschlaf. Die Dauer war sehr unterschiedlich; schliefen mehrere zwar von Dezember bis Anfang Mai, so reichte den meisten doch ein Schlaf von Februar bis April.

Auch die Anzahl der Unterbrechungen war recht variabel, einige Igel wurden alle 3 bis 4 Wochen wach, um dann meist nach etwas Flüssigkeitsaufnahme (gefressen wurde selten) wieder weiterzuschlafen. Bei anderen Tieren wurde der Winterschlaf sehr häufig unterbrochen, bis 13mal, und zwar folgte nach 3 bis 10 Tagen Schlaf eine Aufwachperiode von einigen Tagen, während der normal gefressen und getrunken wurde, und danach schliefen die Tiere wieder.

Es ist nicht deutlich erkennbar, welche Kriterien für den Winterschlaf unserer Pfleglinge wichtig waren. Viele Tiere mit einem ausgezeichneten Gewicht ließen sich trotz aller Mühe nicht zum Schlafen bewegen, einige wiederum schliefen sofort ein, wenn das Fenster des Aufenthaltsraumes einmal nachts offen blieb oder die Heizung kurzzeitig abgestellt wurde. Dieses entspricht den Angaben von Mohr (1936), deren Igel bei zum Wochenende abgestellter Heizung erst Dienstagnachmittag zum Vorschein kam. Ein Igel wurde von Dezember bis März im Keller bei 6 bis 9 °C gehalten und schlief dort mit 12maliger Unterbrechung; am 19. März in die Küche mit Temperaturen von 18 bis 23 °C umquartiert, schlief er sofort und ohne Pause bis Ende April durch. Meist war es allerdings doch so, daß die Anzahl der Unterbrechungen in kühlen Räumen oder auf dem Balkon geringer war als in beheizten Quartieren.

Lindemann (1951) schreibt ebenfalls, daß 3 in geheizten Räumen gehaltene Tiere je etwa 8mal aufwachten und 2 bei Außentemperaturen schlafende Igel nur 3mal wach wurden.

Auch die Gewohnheiten hinsichtlich Nahrungs- und Flüssigkeitsaufnahme variierten. Einige Tiere liefen nach dem Aufwachen nur etwas herum, um sich dann bald wieder zu verkriechen und weiterzuschlafen, andere tranken ausschließlich ein wenig und wieder andere nahmen sowohl Nahrung als auch Flüssigkeit zu sich.

Temperaturmessungen wurden bei den Igeln während des Schlafes nicht durchgeführt, so daß es auch nicht sicher ist, ob es sich in allen Fällen wirklich um einen Winterschlaf gehandelt hat oder vielleicht nur Ruheperioden in der Art des Lethargiestadiums vorlagen.

Zwar verzichteten die meisten untergewichtigen Tiere auf einen Winterschlaf, einige schliefen aber doch. Da sie nach dem Aufwachen den Tisch reich gedeckt vorfanden, konnten sie trotzdem mit einem zufriedenstellenden Gewicht wieder ausgesetzt werden. Der verspätete Winterschlaf bedeutet für den Betreuer, besonders wenn er statt eines Igels 3 oder 4 Tiere aufgenommen hat, eine erhebliche Zeit- und Kostenersparnis. Es sollte deshalb unbedingt der Versuch unternommen werden, die Pfleglinge zum Schlafen zu bringen. Die Abmessungen einer günstigen Winterschlafkiste zeigt Abb. 16.

Das Schlafhaus unserer Igel wurde zu diesem Zweck mit reichlich Nestbaumaterial wie Laub, Heu, Papier und Lappen versehen in einer großen, von unten gut isolierten Kiste in der unbeheizten Garage untergebracht. Es eignen sich natürlich auch Schuppen, Hausboden, Keller, Veranda und Balkon. Wichtig sind eine niedrige Umgebungstemperatur – sie kann durchaus unter dem Gefrierpunkt liegen – und bei Balkonüberwinterung ein Schutz vor Schnee, Regen und Wind. Bei Beton- oder Zementfußböden muß von unten besonders sorgfältig isoliert werden. Im allgemeinen werden die Pfleglinge noch einige Tage oder Wochen wach sein. Sie fressen und trinken meist nur wenig oder gar nicht mehr und sind, wie man an der Unordnung feststellen kann, emsig mit dem Bau ihres Winterschlafnestes beschäftigt. Wenn man kontrolliert, ob die Schüsselchen geleert (oder umgekippt) wurden – man stellt jetzt länger haltbares Futter, z. B. Käse, Nüsse, Rosinen und natürlich Wasser hin –, wird man oft durch ein lautes Fauchen erschreckt. Dieses ist jedoch kein Grund zur Besorgnis, sondern eine normale Reaktion während des Lethargiestadiums.

Der winterschlafende Igel wird mindestens jeden 2. Tag kontrolliert und frisches Wasser und im Bedarfsfall neues Futter hingestellt. Sollte der Pflegling bis Anfang April nicht wach werden, in dunklen und kühlen Räumen schlafen sie unter Umständen bis weit in den

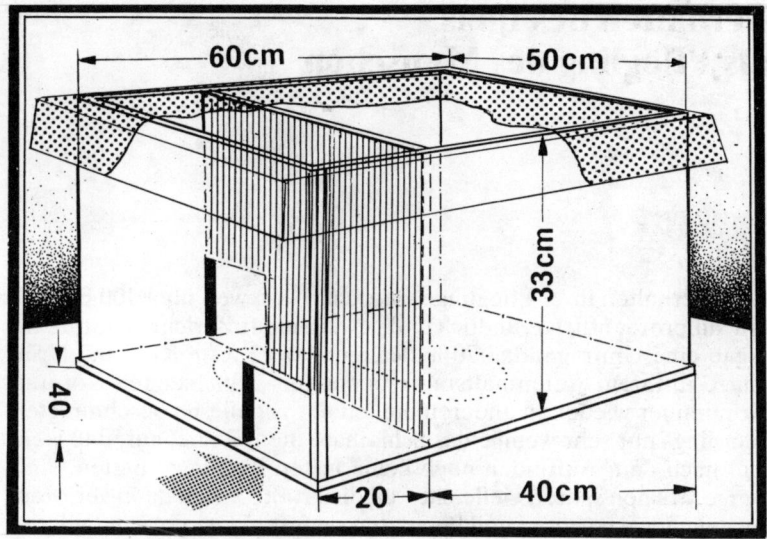

Abb. 16. Winterschlafkiste.

Mai hinein, bringen wir ihn zum Aufwachen in einen warmen Raum (siehe Winterschlaf).

Verhalten des Igels
als Pflegling des Menschen

Zum Verhalten ihrer Pfleglinge wurde mir von weit über 100 Betreuern außerordentlich gründlich und gewissenhaft Bericht erstattet. So ergab eine Umfrage, daß 70 % der Igel 1 bis 3 feste Kot- und Urinplätze in ihrem Aufenthaltsraum benutzten. 30 % setzten Kot und Urin immer wieder an anderen Stellen ab, von diesen beschmutzten allerdings nur sehr wenige das Schlafhäuschen. Es fiel auf, daß viele Igel nach dem Auffinden noch keine festen Kotplätze hatten. Erst einige Wochen später, vielleicht weil die größte Scheu dann verlorengegangen war, suchten und benutzten sie feste Plätze. Auch Igel, die zu zweit oder dritt gehalten wurden, hatten meist feste Orte.

Interessant war auch das Verhalten zu den in der Wohnung befindlichen kleinen Haustieren. Katzen, Schildkröten, die meisten Hunde und die im Käfig befindlichen Vögel wurden kaum beachtet. Einige Igel kugelten sich anfangs bei einem Hundekontakt ein, andere waren absolut nicht beeindruckt; so legte sich ein Igel zum Ausruhen gern auf den Chow-Chow der Betreuerin, und das zunächst etwas überraschte Tier gewöhnte sich bald an den stachligen Schlafburschen; ein anderer Igel versuchte regelmäßig, den Hund aus seinem Korb zu schubsen. Übrigens verhielten sich die Hunde in der Regel ebenfalls passiv, nur einer knurrte ab und zu, wenn der Igel sich seinem Futternapf näherte.

Ein Zwergkaninchen war das einzige Tier, das den Igel fürchtete. Igel wiederum zeigten nur deutliche Angst bei in der Wohnung freifliegenden und kreischenden Vögeln, sie verkrochen sich sofort. Obwohl es sich bei den Vögeln ausschließlich um Exoten handelte, könnte hier die instinktmäßige Furcht vor dem natürlichen Feind eine Rolle spielen, vielleicht handelt es sich aber ausschließlich um eine Geräuschempfindlichkeit, denn die Töne, die Papageien und Sittiche von sich geben, sind mitunter kreischend und werden vom Igel sicher als besonders unangenehm empfunden.

Das Verhalten zu den Artgenossen ist unterschiedlich. Zusammen aufgewachsene Igel, oft Wurfgeschwister, waren meist sehr verträglich, sie schliefen zu zweit oder zu dritt in einem Schlafhäuschen und wurden unruhig, wenn ein Tier längere Zeit weggenommen wurde. Fremde Igel wurden häufig nicht akzeptiert. Die Angriffe äußerten sich aber ausschließlich in Rempeleien und Schubsen. Beißereien wurden nicht beobachtet.

Das Verhalten zum Menschen ist sehr davon abhängig, ob es der Betreuer selbst, Familienangehörige oder Fremde sind. Mehrere Igel hörten auf ihren Namen und kamen, besonders wenn sie Futter erwarteten, zum Betreuer.

Viele Tiere ließen sich gern streicheln oder kraulen, nur das Berühren der Kopfpartie und der Seiten wurde meist nicht geduldet. Nach dem Baden empfanden mehrere Igel das Fönen des Bauches als besonders behaglich, sie ließen sich auf den Rücken legen und streckten die Beinchen vom Körper weg. Die meisten Tiere verkrochen sich, wenn unbekannte Stimmen zu hören waren. Tiere, die in Gegenwart der Familie durch die Wohnung liefen, versteckten sich, wenn Besuch kam, sofort und kamen erst wieder zum Vorschein, wenn „die Luft rein" war. Ein Betreuer berichtete mir, daß sein Pflegling allabendlich die angelehnten Türen aufschubste, trotz Licht und Fernsehen ins Wohnzimmer kam und sich unter der Liege versteckte. War die Familie ins Bett gegangen, begann sein übliches Laufen durch die Wohnung.

15 % der Pfleglinge waren ausgesprochen aggressiv, sie versuchten zu beißen, und einige verursachten sogar blutende Wunden an Finger und Zehen (!). 25 % hielten den vorgehaltenen Finger leicht fest und ließen nach kurzer Zeit wieder los. 60 % der Igel versuchten niemals zu beißen und zeigten auch sonst keinerlei Angriffslust.

Mit Beißversuchen, Schubsen und Fauchen reagierten Tiere aus folgenden Gründen: Der Weg wird versperrt, er darf nicht ins Zimmer, sein Fressen wird weggenommen, sein Schlafhäuschen soll aufgeräumt werden, er wird im Schlaf gestört. Bei einigen Igeln traten Angriffserscheinungen nur in den ersten Wochen zutage, andere hatten es während der ganzen Pflegeperiode auf Finger, Füße, Schuhe, Schnürsenkel und Hosenbeine abgesehen.

Der Spiel-, Untersuchungs- und Beschäftigungstrieb ist bei den meisten Igeln sehr stark ausgeprägt. Entsprechend ihrem Verhalten in der freien Wildbahn, wo zum Zwecke der Futtersuche alles umgedreht, beschnüffelt und untersucht wird, wurden auch die zugänglichen Bereiche der Wohnung jede Nacht gründlich inspiziert. Begünstigt durch die häufig vorhandenen Magnetverschlüsse der Türen, stand einer Kontrolle der meisten Schränke nichts im Wege. Hierbei konnten dann in Ruhe die Vorräte untersucht, Tüten zerrissen, der Inhalt verteilt und eine heillose Unordnung geschaffen werden.

Ein ständig schlecht fressender und trotzdem gut zunehmender Igel war wegen Inappetenz im Dezember mehrmals vorgestellt worden. Kurz vor Weihnachten rief uns die Betreuerin an und berichtete, daß der Igel glücklicherweise nicht krank wäre, sondern nur das ganze Weihnachtsgebäck aufgefressen hätte, er wäre gerade schlafend zwischen den Resten gefunden worden.

Flaschen, Büchsen und Dosen wurden untersucht, umgekippt und hin- und hergerollt. Besonders beliebt waren kleine Bälle zum Kullern. Manches Erstrebenswerte wurde ins Schlafhäuschen gebracht und dort gut versteckt. Knochen bis ganze Hühnergerippe schleppten die meisten Tiere dort hin, aber auch Fundsachen mit mehr ideellem Wert fanden viel Interesse. So fand eine Betreuerin die vermißte Sportmedaille ihrer Tochter im Igelversteck, und ein anderer Betreuer mußte ständig die Toilettenbürste, die regelmäßig weggeschleppt wurde, wieder herbeischaffen. Auch Toilettenpapier war übrigens sehr beliebt, zunächst wurde es herumgekullert, später zerkleinert zur weiteren Einrichtung des Schlafhäuschens benutzt. Ganze Zeitungen wurden transportiert, die Futternäpfe oder Kotplätze säuberlich damit zugedeckt, Streichholzschachteln und Waschpulverkartons gründlich zerbissen.

Einige Tiere vollbrachten erstaunliche Kletterleistungen, mehrere gelangten über Umwege auf die Liege, einer auf verschiedene Etagen des Bücherregals, und ein anderer kletterte die Treppe hoch. Erstaunlicherweise überstand ein Pflegling den Sturz von dem im 3. Stockwerk gelegenen Balkon ohne jegliche Verletzung.

2 von 4 Igelsäuglingen, die mir im Herbst 1984 mit einer Körpermasse von 45 bis 60 g gebracht wurden (die Mutter war einer Laubverbrennungsaktion zum Opfer gefallen), hatten, nachdem sie dem Säuglingsalter entwachsen waren, die unangenehme Angewohnheit, in Hosenbeine hochzuklettern. Sobald wir früh in der Küche erschienen, wurde eine regelrechte Jagd auf unsere Füße veranstaltet, und zum Frühstück mußten die Beine hochgelegt werden. Anfang Mai 1985 wurden alle 4 Tiere im Garten ausgesetzt und verloren nach einigen Tagen vollkommen ihre Zahmheit. 2 Tiere wurden bis zum Herbst beobachtet.

Zwar haben wir in der Wohnung außer beim Klettern nie Unfälle bei Pfleglingen registriert, trotzdem sollten mögliche Gefahrenquellen beseitigt werden. So sind z.B. ätzende Chemikalien, spitze oder scharfe Gegenstände und Plastetüten außer Reichweite aufzubewahren.

Zum Abschluß dieses Abschnittes noch eine Bemerkung. Das Verhalten der Pfleglinge war so außerordentlich variabel, daß man fast sagen kann, daß nicht ein Tier dem anderen im Wesen glich. Von hochgradiger Bissigkeit, mancher lauerte nur auf einen sich in der Nähe befindlichen Finger, bis zur größten Friedfertigkeit; von einem fast pausenlosen nächtlichen Herumrennen bis zum phlegmatischen Einschlafen dort, wo man gerade liegen bleib; von den verschiedensten Stufen der Zahmheit bis zur ausgeprägten Scheu, mancher Igel wurde während der Pflegeperiode kaum vom Besitzer gesehen; von der maßlosesten Verfressenheit, bis man mit dem Kopf im Futternapf einschlief, bis zur wählerischen Mäßigkeit und von dem größten Interesse an der Umgebung bis zur absoluten Gleichgültigkeit gegen die Außenwelt konnte alles beobachtet werden.

Das Wiederaussetzen des Pfleglings

Neigt der April sich dem Ende zu, rückt für den Betreuer der Zeitpunkt des Abschiednehmens vom liebgewonnenen kleinen Tier heran. War auch von Anfang an das Ziel aller Mühen und Sorgen, einen kräftigen und gesunden Igel der Natur zurückzugeben, so fällt die Trennung doch meist nicht leicht, und manchmal werden sogar einige Tränen vergossen. Viele Betreuer befürchten, daß das Tier sich in der Freiheit nicht zurechtfinden und hungern oder frieren wird.

Einige Pfleger möchten auch so lange mit dem Aussetzen warten, bis die Außentemperaturen denen in der Wohnung entsprechen, ein absolut illusorisches Vorhaben, da die Unterschiede zwischen Tag- und Nachttemperatur in der Außenwelt immer vorhanden sind.

Sicher haben unsere Pfleglinge gegenüber ihren in der Freiheit verbliebenen Artgenossen den Nachteil, daß sie sich an eine für sie fremde Umgebung gewöhnen müssen; sie werden zunächst sicher einige Probleme mit der Futtersuche haben und vielleicht auch nicht gleich ein schönes warmes Nest finden oder herrichten können. Diese Schwierigkeiten lassen sich aber beim Aussetzen im eigenen Garten oder im Garten von Freunden oder Verwandten gut überwinden. Dem Tier können dort dann ausreichend Schlupfwinkel geschaffen werden (Abb. 17). Reisig- und Laubhaufen, Holzstapel, freie Stellen unter Schuppen, ein festes Brett, ca. 40 × 60 cm, schräg an eine Wand gestellt, aber auch ein bereits mit Füllmaterial wie Zeitungspapier oder Textilien versehenes Kistchen in den ungefähren Maßen von 50 × 40 × 40 cm, versehen mit 2 nicht zu großen Öffnungen zum Herein- oder Hinausgelangen, eventuell noch von oben mit Folie gegen Regen gesichert und unter Zweigen und Blättern versteckt, ergeben eine herrliche Igelunterkunft. Setzen wir unseren Pflegling dort im Laufe des Vormittags hinein, noch mit reichlich Futter versehen, ist die Aussicht recht groß, daß er sich hier einquartiert. Nach Möglichkeit sollte allerdings auch weiter zugefüttert werden, wobei man natürlich damit rechnen muß, daß außer unserem wohl-

Abb. 17. Schlupfwinkel im Garten.

genährten Igel noch mehrere andere, lange nicht so kräftige Igel die neue Futterstelle bald entdecken und ebenfalls regelmäßig besuchen werden. Die etwa im April aufgewachten Artgenossen unseres Pfleglings haben nämlich während des Winterschlafes alle vorhandenen Fettreserven aufgebraucht. Sie schlottern in ihrem zu weit gewordenen Fell und können oft nur mit großer Mühe den ärgsten Hunger stillen.

Viele Betreuer sehen nach dem Aussetzen ihr Tier häufig wieder. Sie sind glücklich, daß er weiter wohlgenährt aussieht und trotz des allmählich reichlicher werdenden Nahrungsangebotes im Garten auch das zusätzlich gegebene Futter nicht verschmäht.

Einen im Oktober mit 100 g von uns aufgenommenen weiblichen Igel setzten wir an einem sonnigen Nachmittag Anfang Mai im Garten aus. Das Tier begann unverzüglich mit dem Nestbau und transportierte zu diesem Zweck im Maul sehr eifrig große Mengen trocknes Laub unter einen Holzstapel.

Sollte ein Wiedererkennen des Pfleglings schwierig sein, denn nicht alle besitzen ein markantes Merkmal, kann eine Kennzeichnung durch Abschneiden einiger Stacheln an einer bestimmten Körperstelle hierbei helfen. Ein Tier kann hierdurch mehrere Jahre lang wiedererkannt werden.

Besonders wenn man einem festen Schema folgt, der 1. Pflegling erhält diese Markierung z. B. im Bereich des rechten Vorderbeines, der Pflegling des darauffolgenden Jahres am rechten Hinterbein usw. in Uhrzeigerrichtung, können diese Kennzeichnungen eine Hilfe bei der Altersbestimmung und bei Aussagen über die Lebenserwartung des Pfleglings sein.

Die öfters praktizierte Farbkennzeichnung ist abzulehnen, da der Igel dann von seinen Feinden leichter gefunden wird. Ein Beringen der Beine wird sich bei speziellen wissenschaftlichen Untersuchungen nicht umgehen lassen. Aus der Vogelpraxis wissen wir aber, daß Komplikationen hierbei nicht so selten sind.

Schubert (1983) empfiehlt zur Markierung das Überziehen farbiger Plasteringe über einzelne Stacheln. Die zunächst durch Wärme dehnbar gemachten Ringe umschließen, vorausgesetzt das Lumen wird richtig gewählt, den Stachel ziemlich fest. Da mindestens 10 bis 15 Stacheln so markiert werden müssen, ist das Verfahren arbeitsaufwendig; auch muß man gründlich nachsehen, um die Ringe und die jeweilig benutzte Farbe bzw. Farbkombination zu erkennen. Nach jetzigen Erfahrungen läßt sich durch diese Methode über mehrere Jahre lang eine große Anzahl von Tieren identifizieren.

Nicht alle Gärten sind jedoch zum Aussetzen unserer Igel geeignet. Nicht geeignet sind die peinlich sauber gehaltenen, die ohne Unterschlupf und Versteck, ohne Gestrüpp, Reisig und Laub keinem Igel zusagen. Da er hier auch oft nicht genug Nahrung findet, wird er bald das Weite suchen.

Gärten mit wilden, bellenden oder sehr jagdlustigen Hunden, z. B. Terrier, Teckel, Boxer und Spitze, sagen ihm ebenfalls nicht zu. Eine solche Umgebung ist ihm auf die Dauer zu laut und vielleicht auch zu gefährlich. Ruhige Hunde, die wenig oder kein Interesse für ihn zeigen, stören ihn kaum oder gar nicht.

Katzen und Igel leben sowohl im Haushalt als auch im Garten mitoder besser gesagt nebeneinander, ohne sich sehr zu beachten oder sich gegenseitig zu stören.

Auch Gärten in der Nähe von Verkehrsstraßen sind nicht geeignet; bedeuten diese doch eine besondere Gefahrenquelle für den Igel. Der nachts wärmeausstrahlende Straßenbelag lockt viele Insekten an und diese wiederum den insektenfressenden Igel, der dann leicht dem Autoverkehr zum Opfer fallen kann. Ebenfalls sollte der Pflegling nicht dort ausgesetzt werden, wo sich keine weiteren Igel befinden. Es wäre dann damit zu rechnen, daß sich das Tier zur Partnersuche kilometerweit vom Aussetzort entfernt.

Zu der Zeit, in der ihre Artgenossen in der Natur allmählich aus dem Winterschlaf aufwachen, also im März bis April, beginnt ein Teil unserer Pfleglinge unleidlich zu werden. Einige sind bloß weniger zutraulich, andere wiederum sogar richtig aggressiv. Oft wird nur wenig Futter aufgenommen oder die Nahrung vollkommen verweigert. Viele Tiere machen einen unruhigen Eindruck. Sie kapseln sich ab und kratzen an Wände und Türen. Die Ursache hierfür ist der durch die hormonale Umstimmung wirksam werdende Fortpflanzungstrieb.

Man tut jetzt gut daran, den Pflegling nicht nur an Lebendfutter zu gewöhnen, sondern ihm nach Möglichkeit auch häufig einen Aufenthalt in der freien Natur zu gewähren.

Es ist erstaunlich, wie vorsichtig unser in der Wohnung aufgewachsener Igel sich draußen bewegt. Er versucht in der Nähe von Versteckmöglichkeiten zu bleiben, er schnüffelt und lauscht, und bei fremden Geräuschen zuckt er zusammen. Der Betreuer muß sehr gut aufpassen, daß der kleine Kerl sich während der Spaziergänge nicht vorzeitig davon macht.

Die Ansichten über den günstigsten Termin zum Aussetzen gehen etwas auseinander. Bestajovsky (1976) empfiehlt, den Pflegling im Laufe des Monats April, und zwar an einem schönen warmen Tag wieder in Freiheit zu setzen. Poduschka, Saupe und Schütze (1979) raten zu Anfang Mai, spätestens jedoch unmittelbar nach den „Eisheiligen" (11. bis 14. Mai).

Der Igel in der tierärztlichen Sprechstunde

Zu Anfang soll eine kurze Auswertung unserer Patientenkartei vom September 1982 bis Mai 1983 stehen (Tabelle 1).

Tabelle 1. Statistische Angaben hinsichtlich Fundmonat, Körpermasse und Geschlecht

Fundmonat		Anzahl	Körper-masse (in g)	Durchschnitt-liche Körper-masse (in g)	Geschlecht ♂	♀
September	1982	4	70–325	167	3	1
Oktober	1982	31	130–550	290	14	17
November	1982	76	100–550	324	34	42
Dezember	1982	12	230–650	480	6	6
Januar/Februar	1983	3	250–500	400	2	1
insgesamt:		126	70–650	320	59	67

Während dieser Zeit wurden uns 132 pflegebedürftige Jungigel vorgestellt, und zwar 63 männliche und 69 weibliche Tiere (Tabelle 2). Im Durchschnitt wurde jeder Igel 3mal untersucht und/oder behandelt; einige Tiere allerdings nur 1mal, andere bis 11mal.

Nicht berücksichtigt bei dieser Statistik wurden einige Igel, bei denen exakte Angaben fehlen, sowie 3 erwachsene Tiere, und zwar eine Igelin mit 3 säugenden Jungen, gefunden im Oktober mit einem Gewicht von 920 g, eine an Pyometra erkrankte Igelin, im November mit 725 g gefunden, und ein männliches Tier mit schweren Verbrennungen, das im November mit 950 g aufgenommen wurde.

Von den insgesamt vorgestellten 135 Tieren konnten 106 (= 79%) Ende April bis Mitte Mai wieder ausgesetzt werden; 15 (= 11%) der Igel wurden schwer verletzt oder moribund gebracht; sie wurden eingeschläfert oder starben innerhalb der folgenden 48 Stunden.

Mehrere moribunde Tiere wurden erst in der tierärztlichen Sprechstunde vorgestellt, nachdem sie wochen- bis monatelang unzweckmäßig gefüttert und gehalten wurden. Ihre Fundgewicht war häufig kaum überschritten, oft hatten sie sogar abgenommen.

Tabelle 2. Anlaß für die Vorstellung des Igels in der tierärztlichen Praxis

	Anzahl der Igel
Prophylaktische Erstvorstellung (Untersuchung, Behandlung gegen Endoparasiten, Vitamininjektionen usw.)	95
Gewichtskontrollen, Beratungen	62
Behandlung gegen Endoparasiten	42
Vitamininjektionen (vor dem Aussetzen)	40
Innappetenz, Schwäche, schlechter Ernährungszustand	36
Erkrankungen der Atmungsorgane	31
Kürzen der Krallen	31
Enteritis	12
Starker Stachelausfall	10
Ekzem (stets Kopfbereich)	6
Hochgradiger Flohbefall	6
Nachhandschwäche	5
Lahmheiten	4
Zentralnervöse Störungen	3
Schwere Unfälle	2
Leichte Unfälle	2
Verbrennungen	2
Anämie	1
Einseitige Blindheit	1
Pyometra	1
Madenbefall	1
Zyste am Unterkiefer	1
Abszeß	1

Zur Überprüfung der Angaben von Esser (1984), der bei Jungtieren ein deutliches Übergewicht zugunsten des männlichen Geschlechts feststellte, wurden von uns zusätzliche Auswertungen zum Geschlechtsverhältnis durchgeführt. Von 1982 bis 1986 wurden 1 233 Igel (fast ausschließlich Jungtiere) vorgestellt, und zwar 593 weibliche, 577 männliche und 63, bei denen das Geschlecht nicht bestimmt wurde. Das Geschlechtsverhältnis bei den auswertbaren 1 170 Igeln betrug somit 50,6 % weibliche zu 49,4 % männliche Tiere. Die

Angaben von Esser (1984), der von einer zu geringen Anzahl von Tieren (53) ausgeht, konnten nicht bestätigt werden.

Zur Überprüfung der eigenen Angaben bezüglich der Wiederaussetzquote wurde zum Vergleich mit dem Ergebnis der vom September 1982 bis Mai 1983 betreuten Igel eine Auswertung der vom September 1985 bis Mai 1986 betreuten Tiere vorgenommen. Voraussetzen möchte ich, daß jedes Tier, unabhängig von seinem Allgemeinzustand, in der Patientenkartei aufgenommen wurde und zur Auswertung gelang. (Mir sind Praktiken bekannt, nach denen Igel nur erfaßt werden, wenn sie sich bei der Vorstellung in einem guten Gesundheitszustand befinden. Solches Vorgehen dient der Manipulierung der Aussetzquote, ist unwissenschaftlich und wenig sinnvoll.)

Vom September 1985 bis Mai 1986 wurden uns 376 pflegebedürftige Igel vorgestellt. Von diesen 376 waren 339 auswertbar (von den Betreuern der restlichen 37 Tiere erhielten wir trotz Nachfrage keine Antwort): Von den 339 auswertbaren Tieren überlebten und wurden wieder ausgesetzt 264 (= 78 %) und starben 74 (= 22 %). 1 Igel überlebte, wurde aber wegen hochgradigen Haar- und Stachelausfalls – das Tier war halbseitig fast kahl – nicht ausgesetzt, sondern ab Mai in einem Gehege gehalten.

Diagnostische Möglichkeiten

Klinische Untersuchung

Voraussetzen möchte ich, daß Igel im allgemeinen keine zahmen Tiere sind und viele Untersuchungs- und Therapiemaßnahmen durch das sofortige Einrollen stark erschwert oder sogar unmöglich gemacht werden. Wichtig ist es, geräuscharm zu arbeiten. Freundlich gemeintes Pfeifen und Schnalzen mag unser Patient nicht, sondern beunruhigt ihn in hohem Maße. Auch das Klirren von Instrumenten auf dem Behandlungstisch, schrille, laute Stimmen und Hundegebell führen zu heftigem Erschrecken.

Ein ruhiger Behandlungsraum und eine etwas gedämpfte Atmosphäre sind Grundbedingungen für die Untersuchung eines Igels. Ein Aufrollen erreicht man bei den meisten Tieren durch Streicheln im Bereich der Rückenstacheln; sie entspannen sich und meist wird in kurzer Zeit der Kopf sichtbar. Faßt man ihn jedoch an, rollt sich unser Patient sofort wieder ein.

Die Betrachtung des Kopfes ist recht wichtig, denn mit einiger Erfahrung kann man bald ein gesundes von einem kranken Igelgesicht unterscheiden. Beim gesunden Tier ist die Nase feucht, es kann durchaus ein wäßriges Tröpfchen daran hängen, dunkel und meist in schnüffelnder Bewegung, die schwarzen, runden Knopfaugen stehen etwas vor. Der kranke Igel hat eine trockene, graue Nase, die Augen sind eingefallen. Zieht man die Hinterbeine etwas seitlich nach hinten und hebt sie an, stützen sich die Tiere meist einige Zeit auf den Vorderbeinen ab. Brust-, Bauch-, Genital- und Analbereich können dabei besichtigt und eine Geschlechtsbestimmung vorgenommen werden (Abb. 18). Auch der Nackengriff (Abb. 19), der sich allerdings nur bei zahmen und halbzahmen Tieren anwenden läßt, erlaubt eine gewisse Betrachtung der Bauch- und der Brustregion.

Das Einrollen des Tieres in ein Tuch, so daß nur der Kopf herausschaut, ist mit einigem Geschick ebenfalls durchführbar (Abb. 20). Ohne sich an den Stacheln zu verletzen, kann man dabei Ohren, Augen, Nase und Mundregion, eventuell auch kurz das Gebiß besichti-

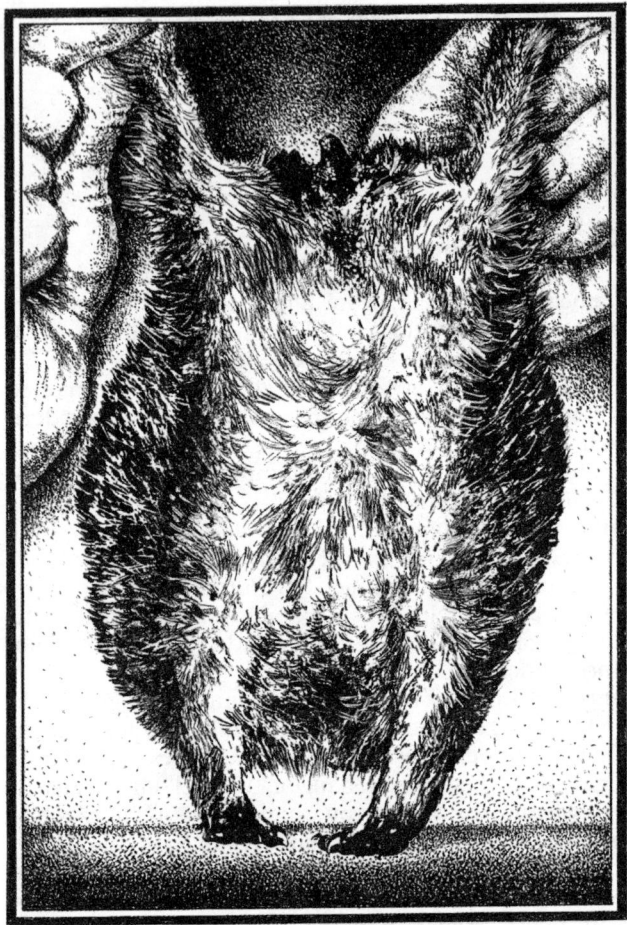

Abb. 18. Sogenannte Schubkarre.

gen (Schicht, 1982). Auf das Zwangsaufrollen des Igels zum Zwecke einer besseren Untersuchung, empfohlen von Poduschka und Kieliger (1972), verzichteten wir. Diese Methode führte, wie schon von Isenbügel (1976) festgestellt, nicht zum erwünschten Erfolg. Die Extremitäten lassen sich, wenn auch häufig mit ziemlich viel Aufwand,

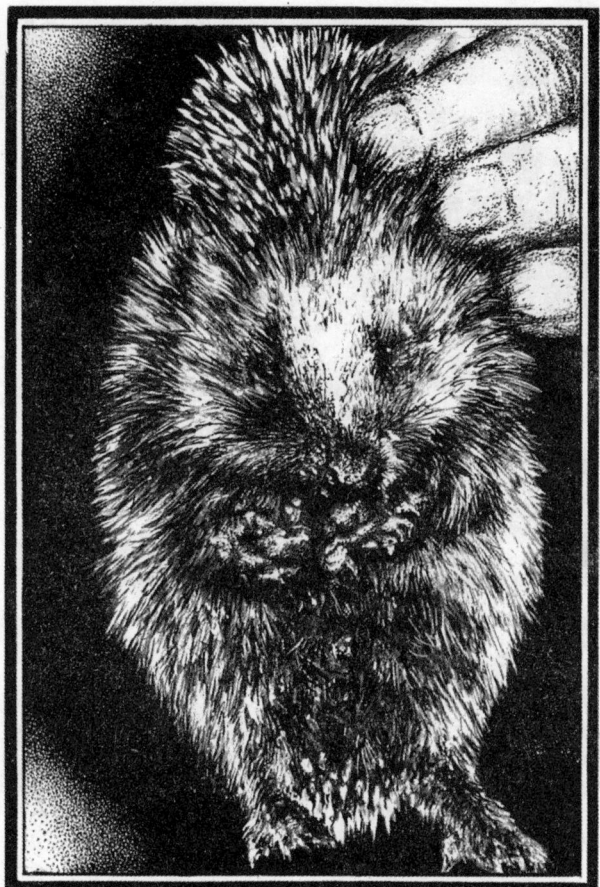

Abb. 19. Nackengriff.

insbesondere bei den Vorderbeinen, etwas vorziehen, einmal zum Zwecke einer Besichtigung, zum anderen wegen des Krallenkürzens. Die Untersuchung der Mundhöhle ist, außer bei sehr zahmen Patienten, nur am sedierten oder narkotisierten Tier möglich. Ist eine gründliche Untersuchung bei verletzten Tieren nötig, deren Ergebnis die Frage Behandlung oder Euthanasie klären soll, wird man eben-

Abb. 20. Zu untersuchender Igel im Tuch.

falls meist nicht auf eine Narkose verzichten können. Bei hoffnungs-
losen Fällen kann dann die Einschläferung des Tieres gleich während
der Narkose vorgenommen werden.

Rektale, am Tage durchgeführte Temperaturkontrollen bei klinisch
gesunden Pfleglingen ergaben Werte zwischen 34 und 36 °C. Eine Abhängigkeit von Alter bzw. Körpermasse ist deutlich erkennbar. Jün-
gere Tiere hatten fast immer Temperaturen über 35 °C, wogegen Igel
kurz vor dem Aussetzen überwiegend niedrigere Temperaturen aufwiesen.

Herter (1952) stellte einen erheblichen Unterschied zwischen Tag-
und Nachttemperaturen fest. Er gibt Sommertemperaturen von
34,75 °C (15.00 Uhr) bis 36,75 °C (3.00 Uhr) und Wintertemperaturen
von 33,50 °C (15.00 Uhr) bis 35,50 °C (3.00 Uhr) an.

Parasitologische Kotuntersuchungen

Von allen Tieren müssen Kotproben parasitologisch untersucht werden. Auf keinen Fall darf vor einer Wurmkur erst das Ergebnis jener Untersuchungen abgewartet werden, da bei einem Befall mit *Crenosoma striatum* der Tod des Tieres bereits eingetreten sein kann, bevor die Kotuntersuchung ein positives Ergebnis zeigt (Saupe und Lämmler, 1968). Behauptungen, wonach nur die im September oder Oktober geborenen Jungtiere eine Verwurmung aufweisen, entbehren jeder wissenschaftlichen Grundlage. Untersuchungen von Barutzki et al. (1984) und Esser (1984) bestätigen, daß auch in Freiheit lebende erwachsene Tiere fast ausnahmslos von Endoparasiten befallen sind. Tabelle 3 unterrichtet über 111 im Herbst 1983 bei unseren Patienten vorgenommene parasitologische Erstuntersuchungen (es handelte sich ausschließlich um die Untersuchung von Kotproben nicht vorbehandelter Tiere).

Tabelle 3. Parasitologische Befunde bei Igeln

Endoparasiten	Anzahl der Igel	%
Crenosoma striatum (schachtelhalmförmiger Igellungenwurm)	88	79,2
Capillaria spec. (Haarwurm – Verdauungstrakt)	62	55,8
Brachylaemus erinacei (Igelsaugwurm)	38	34,2
Capillaria aerophila (Lungenhaarwurm)	26	23,4
Kokzidien-Oozysten	15	13,5
negativ	16	14,4

Tiere mit negativem Befund waren überwiegend Igel unter 130 g. Sie wurden sicherlich, mit wenigen Ausnahmen, bis zum Fundtermin noch gesäugt.

Bei 25 Igeln (= 22,5 %) lag ein Befall mit nur einer (!) Parasitenart vor:

Endoparasiten	Anzahl der Igel	%
Crenosoma striatum	18	16,2
Capillaria spec.	4	3,6
Brachylaemus erinacei	2	1,8
Kokzidien-Oozysten	1	0,9

Bei 70 Igeln (= 63 %) lag ein Mehrfachbefall (2 bis 5 Parasitenarten) vor.

7   Schicht, Igel, 2.A.

Nachstehende Übersicht gibt darüber Aufschluß:

Endoparasiten	Anzahl der Igel	%
Cren. striat. und *Cap.* spec.	14	12,6
Cren. striat. und *Brach. erinacei*	7	6,3
Cren. striat. und *Kokzidien-Oozysten*	1	0,9
Cren. striat. und *Cap. aerophila*	1	0,9
Cren. striat., *Cap.* spec. und *Cap. aerophila*	13	11,7
Cren. striat., *Cap.* spec. und *Brach. erinacei*	12	10,8
Cren. striat., *Cap.* spec. und Kokzidien-Oozysten	5	4,5
Cren. striat., *Brach. erinacei* und Kokzidien-Oozysten	2	1,8
Cren. striat., *Brach. erinacei* und *Cap. aerophila*	2	1,8
Cren. striat., *Cap.* spec., *Cap. aerophila* und *Brach. erinacei*	7	6,3
Cren. striat., *Cap.* spec., *Brach. erinacei* und Kokzidien-Oozysten	3	2,7
Cren. striat., *Cap. aerophila*, *Brach. erinacei* und Kokzidien-Oozysten	1	0,9
Cren. striat., *Cap.* spec., *Cap. aerophila*, *Brach. erinacei* und Kokzidien-Oozysten	2	1,8

Alle Igelkotproben wurden nach dem Flotations-, dem Sedimentations- und dem Auswanderverfahren untersucht.

Bakteriologische Kotuntersuchungen

Bei Tieren mit häufigen Verdauungsstörungen, Inappetenz und ungenügender oder fehlender Körpermassezunahme wurden bakteriologische Kotuntersuchungen durchgeführt. Tabelle 4 zeigt die Ergebnisse an 153 Kotproben.

Tabelle 4. Ergebnisse bakteriologischer Kotuntersuchungen bei Igeln

Nachgewiesene Bakterien	Häufigkeit
Escherichia coli	82
Escherichia coli + *Proteus*	8
Enterobacter	3
Proteus	2
Pseudomonas	1

Fortsetzung Tabelle 4.

Nachgewiesene Bakterien	Häufigkeit
Salmonella enteritidis	1
Klebsiella	1
Klebsiella + *Pseudomonas*	1
Citrobacter	1
unspezifisch	4
negativ	49

Die angefertigten Resistogramme wiesen eine 100 %ige Resistenz gegen Penicillin und eine 50 %ige Resistenz gegen Oxytetracyclin und Sulfamerazin auf. Streptomycin war zu 76 %, Chloramphenicol zu 88 %, Nitrofurantoin zu 90 % und Neomycin zu 95 % wirksam.

Hautgeschabsel

Bei Hautveränderungen (Ekzem, umschriebener Haar- oder Stachelausfall) sollte, da Pilzinfektionen mit Zoonosecharakter nicht ausgeschlossen werden können, ein Abstrich oder Hautgeschabsel zur Einleitung mikrobiologischer Untersuchungen entnommen werden. Da die Lokalisation der Hautveränderungen fast ausschließlich im Bereich des Kopfes liegt, ist die Entnahme von ausreichendem Untersuchungsmaterial nicht immer problemlos, notfalls muß eine Sedierung oder Narkotisierung des Patienten vorgenommen werden. Die von uns eingeleiteten Untersuchungen erbrachten *Staphylococcus epidermidis*, *Staphylococcus aureus*, Mikrokokken, aerobe Sporenbildner und *Streptomyces*.
Eine Behandlung nach Resistogramm führte in allen Fällen zur Abheilung der vorliegenden Veränderungen.

Sektionen und histopathologische Untersuchungen

Nach Möglichkeit wurden alle überbrachten gestorbenen und getöteten Igel der histopathologischen Untersuchung zugeführt (Tabelle 5).

Tabelle 5. Histopathologische Befunde an 127 Igeln (1979–1987)

	Anzahl der Igel
Koliseptikämie	41
Wurmbefall	41
Pneumonie	21
Gastroenteritis	18
Salmonellose	12
Nierenveränderungen	10
Herzveränderungen	4
Proteus-Infektion	3
Pasteurella-Infektion	2
Enterobacter-Infektion	2
Magenüberladung	2
Staphylokokken-Infektion	1
Mykosen (Hefen)	1
Myiasis	1
Leberveränderungen	1
Pyometra	1
multiple Abszesse	1
innere Verblutung	1
Anämie	1
Prolaps recti	1
Ascites	1
Hydrothorax	1
Rachitis	1

Die parasitologischen, bakteriologischen und histopathologischen Untersuchungen sowie die Sektionen wurden vom Bezirksinstitut für Veterinärwesen Berlin – Hauptstadt der DDR – vorgenommen. Bei der Auswertung handelt es sich mit Ausnahme der parasitologischen Untersuchungen nicht ausschließlich um Befunde eigener Igelpatienten, sondern auch um Untersuchungsbefunde von Proben bzw. Tierkörper, die von anderen Berliner Kleintierpraxen zum Bezirksinstitut für Veterinärwesen eingesandt wurden und deren Ergebnis mir freundlicherweise zur Verfügung gestellt wurde.

Hämatologische Untersuchungen

Isenbügel (1976) entnahm bei klinisch gesunden, sedierten Tieren Blut aus der V. jugularis und fand die in Tabelle 6 wiedergegebenen Normalwerte.

Tabelle 6. Hämatologische Befunde bei Igeln (nach Isenbügel, 1976)

	Normalwerte
Hb (g/100 ml)	9,0
Erythrozyten	6,3 Millionen/ml
Hb (E)	14,3
Hämatokrit (Vol.-%)	29,9
Leukozyten	8500/ml
Gesamteiweiß (g%)	4,9
Harnstoff (mg%)	206
Cholesterol (mg%)	101

Vielleicht steht der hohe Harnstoffwert im Zusammenhang mit der hohen Befallsquote des Igels mit Leptospirose.
Die von Wenzel et al. (1977) ermittelten Normalwerte zeigt Tabelle 7.

Tabelle 7. Hämatologische Befunde bei Igeln (nach Wenzel et. al., 1977)

	Normalwerte
Hb (g/100 ml)	13,9
Erythrozyten	6,67 Millionen/ml
MCH (pg)	21,09
Hämatokrit (Vol.-%)	45,4
Leukozyten	8120/ml
Thrombozyten	440300/ml
Blutglucose (mg/100 ml)	90,3
MCV (μm^3)	74,5
MCHC (%)	31,20

Fortsetzung Tabelle 7.

	Normalwerte
Differentialblutbild (in %)	
Basophile	0,3
Eosinophile	4,3
Jugendliche	0,3
Stabkernige	2,7
Segmentkernige	46,1
Lymphozyten	43,3
Monozyten	3,0

Wenzel et al. untersuchten das Blut von 61 Tieren. Die Blutgewinnung erfolgte durch Abschneiden einer Krallenspitze einer Hinterextremität. Es wurden 11 Gruppen gebildet, unterschieden nach Alter, Körpermasse, Geschlecht und Jahreszeit (Mai bis Oktober und November bis April). Ausschließlich beim Hämatokritwert ergab sich ein Unterschied zwischen erwachsenen und jugendlichen Tieren; weitere Abweichungen in den Werten der unterschiedlichen Gruppen wurden nicht festgestellt.

Klieneberger (1927) erhielt unterschiedliche Werte bei Winter- und Sommerigeln. Jedoch erscheint die Anzahl von 4 bzw. 9 Tieren etwas gering für diese Schlußfolgerungen.

Wir führten bisher bei unseren Patienten keine hämatologischen Untersuchungen durch.

Therapeutische Möglichkeiten

Die Anzahl der Behandlungsmöglichkeiten bei einem erkrankten Igel ist nicht sehr groß.

Zur Verabreichung von im Organismus systemisch wirksam werdenden Medikamenten kommen 2 Applikationswege in Frage: die orale und die parenterale Applikation. Eine örtliche Behandlung findet vorrangig im Bereich von Haut und Schleimhaut (Mundhöhle, Zähne) und bei Ektoparasitenbefall statt.

Chirurgische Eingriffe haben nur dann eine Berechtigung, wenn die Ausgangssituation dies zuläßt und das Tier voll wiederhergestellt werden kann.

Die Ultraviolettstrahlung besitzt eine nicht zu unterschätzende Bedeutung für die Prophylaxe und Behandlung von Rachitis.

Die orale Applikation

Bei Patienten mit gutem Appetit läßt sich die orale Applikation verhältnismäßig leicht durchführen. Das zu verabreichende Medikament muß aber ihrem Geschmack entsprechen und nicht sehr bitter, sauer oder salzig sein. Durch eine Mischung mit bestimmten Nahrungsmitteln oder bei einer noch zulässigen Verdünnung läßt sich der für den Igel unangenehme Geschmack recht häufig übertönen. Auch der Geruchssinn scheint keine unerhebliche Rolle zu spielen; besonders bei der Verabreichung von Präparaten, die Vitamin-B-Komplex enthalten, gibt es Schwierigkeiten.

Sehr wichtig ist die orale Applikation von Medikamenten beim Befall von Endoparasiten. So hängt beim Befall mit *Brachylaemus erinacei* das Leben des oft schon schlecht fressenden Patienten von der alsbaldigen Aufnahme des Anthelminthikums ab.

Einige der parenteralen Applikation dienende Medikamente wurden dem Igel oral verabreicht, da das entsprechende, zur oralen Applikation angefertigte Präparat nicht abgenommen wurde. So läßt sich Ascorvit pro inj. ohne Mühe durch das Futter verabreichen, was bei Ascorvit in Form von Tabletten oder Dragees auch bei starker Zerkleinerung nicht gelingt (zu sauer?).

Die orale Verabreichung von Oxytetracyclin und Sulfadimidin per os stieß bei einem Teil der Patienten auf unüberwindliche Schwierigkeiten in Form von absoluter Nahrungsverweigerung.

Noch die besten Erfolge verzeichneten wir bei der oralen Applikation von in der Kinderheilkunde benutzten sulfonamid- oder antibiotikahaltigen Suspensionen. Der unangenehme Geschmack ist bei diesen durch den Zusatz von Geschmackskorrigentien (Saccharose) weitgehend überdeckt.

Die subkutane Injektion

Eine weitere Möglichkeit zur Verabreichung von Medikamenten stellt die Injektion dar. Hier sollte ausschließlich die subkutane benutzt werden. Zur Vervollständigung der bereits im Abschnitt „Das

Abb. 21. Subkutane Injektion, Stacheln mit der Hand gehalten.

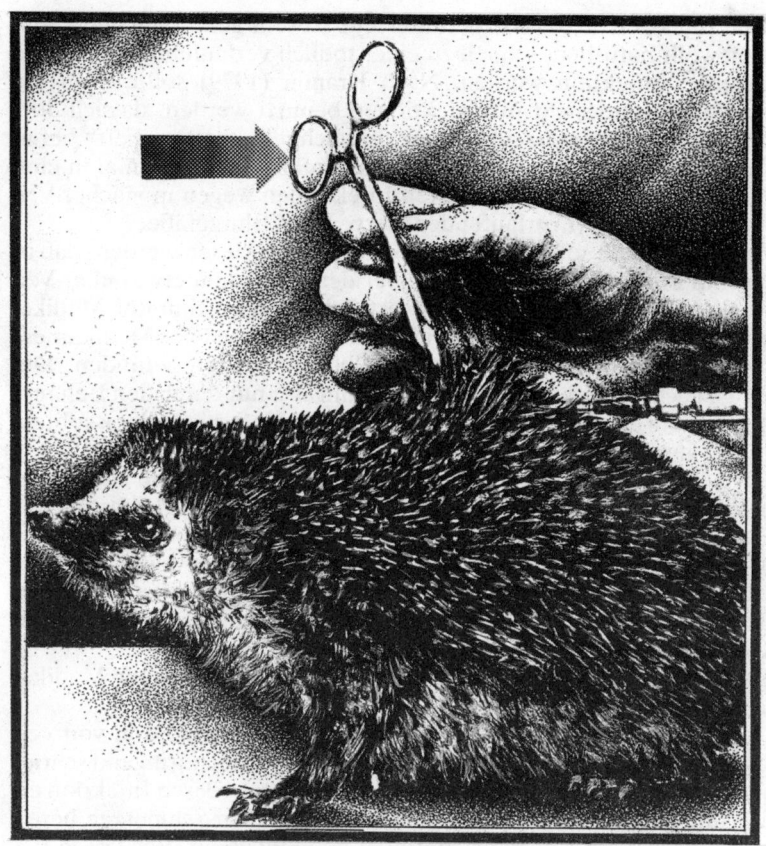

Abb. 22. Subkutane Injektion, Stacheln mit einer Péan-Klemme gehalten.

Einrollen" dargelegten anatomischen Verhältnisse soll die Injektionstechnik noch beschrieben werden. Die subkutane Injektion wird so durchgeführt, daß ein Bündel von Rückenstacheln mit der Hand oder mit einer Péan-Klemme hochgehoben und mit der Kanüle ziemlich flach in die entstandene Hautfalte eingestochen wird. (Abb. 21 und 22). Die Kanüle muß unter der Haut frei beweglich sein.

Man achte immer darauf, daß nicht durchgestochen wurde; ein leichtes Zurückziehen der Kanüle behebt dann den Schaden. Die subkutane Injektion an der Körperunterseite ist sehr gefährlich und kann, ungewollt natürlich, schnell zu einer tödlich verlaufenden intraperitonealen Injektion werden. Nach Kramm (1979) sollte auch die Schultergegend nicht für Injektionen benutzt werden, da sich dort das auch als „Winterschlaforgan" bezeichnete „braune Fett" befindet. Für nicht unbedenklich hält er ebenfalls die manchmal in eine Hinterextremität durchgeführten Injektionen wegen möglicher Verletzungen der dort verlaufenden Nerven und Blutgefäße.

An dieser Stelle soll ausdrücklich darauf hingewiesen werden, daß in der mir zugänglichen Literatur über den Igel kaum etwas über Verträglichkeit und nichts über Unverträglichkeit bestimmter Medikamente erwähnt ist. Auch habe ich weder Hinweise über Medikamentenprüfungen noch über Blutspiegelbestimmungen gefunden. Die Frage nach der richtigen Dosierung kann also nur durch den Behandlungserfolg beantwortet werden. Daß diese Methode äußerst subjektiv ist, versteht sich von selbst.

Ich richte mich im allgemeinen etwa nach den für kleine Haus- und Heimtiere üblichen Dosierungen und ziehe als Vergleichstier auf Grund seiner ungefähr entsprechenden Körpermasse häufig das Meerschweinchen mit heran. Generell dosiere ich etwas höher, weil ich mich hierbei, auch wieder sehr hypothetisch, von der großen Widerstandsfähigkeit des Igels gegen viele natürliche und synthetische Gifte beeinflussen lasse.

Eine Unverträglichkeit konnte bei keinem der verwendeten Medikamente festgestellt werden.

Da einer unserer Patienten bei der subkutanen Injektion von verschiedenen B-Vitaminen in einer Mischspritze durchdringend schrie, sind wir dazu übergegangen, bei Medikamenten, deren Injektion erfahrungsgemäß auch unseren kleinen Haustieren Schmerzen bereitet, zunächst ein Lokalanästhetikum zu applizieren. Wir lassen die Kanüle einige Minuten liegen und injizieren erst dann das betreffende Medikament. Es handelt sich hierbei um alle B-Vitamine einschließlich Vitamin-B-Komplex und um Ursocyclin pro inj.

In Tabelle 8 sind die von uns häufig benutzten Medikamente aufgeführt.

Tabelle 8. Zur Pharmakotherapie beim Igel eingesetzte Präparate

Präparat	Zusammensetzung		Applikationsart	Dosierung	Anwendung
Albutannin-Tabletten	Gehalt je Tabl.: Albumintannat Methylhydroxybenzoat Propylhydroxybenzoat	0,25 g 0,72 mg 0,08 mg	oral	1/4–1/2 Tabl.	Antidiarrhoikum
Amfuridon	Furazolidon Chloramphenicol Retinol α-Tocopherolacetat Glucose zu	1,5 g 0,8 g 180000 I. E. 0,06 g 100 g	oral	1/4–1 Teelöffel	Antidiarrhoikum
Ascorvit-Ampullen 100 mg	Gehalt je 2 ml: Ascorbinsäure	0,1 g	oral, subkutan	0,5–1 ml	C-Hypovitaminose
Calcipot-Pulver (PE)	Gehalt je 100 g: Calciumhydrogenphosphat Calciumcitrat Calciumlactat Lactose Saccharose	29 g 5 g 1 g 15 g 50 g	oral	0,25–0,5 g	Calcio-therapeutikum
Carbo-medicinalis-Tabletten	Gehalt je Tabl.: Medizin. Kohle	0,25 g	oral	1/4–1/2 Tabl.	Antidiarrhoikum

1. Fortsetzung Tabelle 8.

Präparat	Zusammensetzung		Applikationsart	Dosierung	Anwendung
Dextrofusal „Dessau"	Glucose Ethanol Wasser zur Injektion zu	16 g 2 g 100 ml	oral subkutan	10–20 ml 4– 8 ml	Energiequelle, Kreislaufauf- füllung
Droncit „Bayer"	Gehalt je Tabl.: Praziquantel	50 mg	oral	10–25 mg	Anthelminthikum
Mebenvet-Granulat 10 % ad us. vet.	Gehalt zu 100 g Granulat: Mebendazol 10 %		oral	10–20 mg/ 100 g KM	Anthelminthikum
Prednisolon-Kristall- suspension „Nur für Tiere"	Prednisolonacetat Wasser zu	0,1 g 10 ml	subkutan	1–4 mg	Glukokortikoid- therapie
Radeverm-Tabletten	Gehalt je Tabl.: Niclosamid	0,5 g	oral	200 mg/kg KM	Anthelminthikum
Retacillin compositum- Ampullen 600000 I. E.	Gehalt je Amp. Benzylpenicillin-Natrium Benzylpenicillin-Procain Benzylpenicillin-Benzathin	150000 I. E. 150000 I. E. 300000 I. E.	subkutan	50000 I. E./ kg KM	Antibiotikum

2. Fortsetzung Tabelle 8.

Präparat	Zusammensetzung	Applikationsart	Dosierung	Anwendung
Strepdipen-Suspension, wäßrig	Benzylpenicillin-Dibenzyl-ethylendiamin 4 000 000 I. E. Dihydrostreptomycinsulfat 4 000 000 I. E. Wasser zur Injektion zu 40 ml	subkutan	0,5 ml/kg KM	Antibiotikum
Strepdipen-Suspension, ölig	Benzylpenicillin-Dibenzyl-ethylendiamin 4 000 000 I. E. Procainbenzylpenicillin 1 000 000 I. E. Dihydrostreptomycinsulfat 5 000 000 I. E. flüssiges Wachs zu 40 ml	subkutan	0,5 ml/kg KM	Antibiotikum
Sulfadimidin per os	Sulfadimidin-Natrium 21,6 g Wasser zu 100 ml	oral	4 Tropfen/ 100 g KM	Chemotherapeutikum
Sulfadimidin pro inj.	Sulfadimidin-Natrium 21,6 g Wasser zur Injektion zu 100 ml	subkutan	1 ml/kg KM	Chemotherapeutikum
Summavit-Tropfen	Gehalt je ml: Retinolpalmitat 5000 I. E. Ergocalciferol 100 I. E. α-Tocopherolacetat 0,002 g Ascorbinsäure 0,1 g	oral	täglich oder jeden 2. Tag 1 Tropfen	Polyvitamin-präparat

3. Fortsetzung Tabelle 8.

Präparat	Zusammensetzung	Applikationsart	Dosierung	Anwendung
	Thiaminhydrochlorid 0,002 g Riboflavinphosphat-Natrium 0,8 mg Pyridoxinhydrochlorid 0,002 g Nicotinamid 0,02 g Dexpanthenol 0,01 g Kaliumsorbat 0,0014 g			
Ursocain 2 %	Lidocain 2 g Wasser zur Injektion zu 100 ml	subkutan	0,1–0,3 ml	Lokalanästhetikum
Ursocyclin pro inj.	Oxytetracyclinhydrochlorid 5 g 1,2-Propandiol zu 100 ml	subkutan	30 mg = 0,6 ml/kg KM	Antibiotikum
Ursophenicol pro inj.	Chloramphenicol 20 g Methylacetamid 60 g Chlorprocain 0,5 g Wasser zur Injektion zu 100 ml	subkutan	30 mg = 0,15 ml/ kg KM	Antibiotikum
Ursoselevit p. i.	Gehalt je ml: Natriumselenit 5 mg α-Tocopherolum acetium 30 mg	subkutan	0,2–0,4 ml	Bewegungsstörungen, Muskeldystrophie

4. Fortsetzung Tabelle 8.

Präparat	Zusammensetzung		Applikationsart	Dosierung	Anwendung
Ursovit A, C, D₃, E, wäßrig	Retinol Cholecalciferol α-Tocopherolacetat Ascorbinsäure Emulgator, Wasser zu	500000 I. E. 50000 I. E. 3 g 10 g 100 g	subkutan	0.06–0,1 ml	Polyvitamin-präparat
Ursovit A, D₃, E, ölig	Retinol Cholecalciferol α-Tocopherolacetat flussiges Wachs zu	1000000 I. E. 250000 I. E. 2 g 100 ml	subkutan	0,02–0,05 ml	Polyvitamin-präparat
Ventrasan	Cortex Quercus Konservans, Trägerstoff zu	97.7 100 g	oral	1/4–1/2 Teelöffel	Antidiarrhoikum
Vermox-Tabletten	Gehalt je Tabl.: Mebendazol	0.1 g	oral	10–20 mg/100 g/KM	Anthelminthikum
Vitadral-Tropfen	Gehalt je ml: Retinolpalminat (ölige Lösung)	50000 I. E.	oral	täglich oder jeden 2. Tag 1 Tropfen	A-Hypovitaminose
Vitamin B₁-Ampullen 0,025 g	Gehalt je ml: Thiaminhydrochlorid	0,025 g	subkutan	20–50 mg	Vitamin-B₁-Mangel

5. Fortsetzung Tabelle 8.

Präparat	Zusammensetzung			Applikationsart	Dosierung	Anwendung
Vitamin B₁₂-Ampullen 30 µg	Gehalt je ml: Cyanocobalamin	0,03 mg		subkutan	30–50 µg	Vitamin-B₁₂-Mangel
Vitamin-B-Komplex pro inj.	Thiaminhydrochlorid	0,4	g	subkutan	0,3–0,6 ml	Vitamin-B-Mangel
	Riboflavinphosphat-Natrium	0,02	g			
	Pyridoxinhydrochlorid	0,04	g			
	Pantothenol	0,04	g			
	Nicotinamid	1	g			
	Cyanocobalamin	0,001	g			
	Wasser zur Injektion zu	50	ml			
Vitamin K₃-Ampullen	Gehalt je ml: Menadionnatriumhydrogensulfit	0,01	g	subkutan, oral	0,2–0,3 ml	Vitamin-K-Mangel

Die örtliche Behandlung

Konservative Behandlung von Wunden: Die Anzahl der Patienten mit äußeren Verletzungen ist nicht gering: Oft ist die Ursache nicht feststellbar. Bei manchen Tieren ist sie jedoch bekannt oder an der Art der Wunden erkennbar, z.B. bei Verbrennungen, bei Schnitt-, Stich- und Bißverletzungen. Das Ausmaß der Wunden kann sowohl hinsichtlich der Tiefe als auch der betroffenen Fläche stark variieren. Generell läßt sich aber erfahrungsgemäß sagen, daß die Heilungstendenz recht gut ist. Sie ist um so besser, wenn die Verletzungen äußerlich therapeutisch erreichbar sind. Wunden im Kopf- und Bauchbereich sind der Therapie schwerer zugänglich als solche am Rücken. Sollte bereits ein Befall mit Fliegenmaden vorliegen, werden diese sorgfältig mit Spülungen oder mit Hilfe einer Pinzette entfernt. Nach einer gründlichen Wundreinigung mittels warmer desinfizierender Spülungen werden dann zunächst nach den Regeln der allgemeinen Chirurgie vorrangig antibiotikumhaltige Salben oder Suspensionen, später granulationsfördernde und schließlich epithelisierungsbegünstigende Substanzen angewandt.

Des weiteren findet eine örtliche Behandlung bei Ektoparasitenbefall (Flöhe, Zecken, Fliegenmaden) statt.

An erster Stelle steht die Flohbekämpfung. Bei der Behandlung mit den handelsüblichen Kontaktinsektiziden sollte man bedenken, daß der Igel viel gelenkiger ist, als im allgemeinen angenommen wird. Er kann ohne Mühe (fast?) jede Stelle seines Körpers erreichen, woraus resultiert, daß eine gründliche Reinigung des Patienten (Baden, Duschen) zur Entfernung des benutzten Kontaktinsektizids vorgenommen werden muß, um einer Vergiftung (die wir allerdings nie beobachteten) vorzubeugen.

Die chirurgische Behandlung

Eine chirurgische Behandlung hat nur dann einen Sinn, wenn das Tier so weit wiederhergestellt werden kann, daß seiner Existenz in der freien Wildbahn nichts im Wege steht. Meist wird es sich also um kleinere Eingriffe handeln, wie z.B. Fremdkörperentfernung aus der Mundhöhle, Zahnextraktionen, Wundumschneidung, chirurgische Behandlung und Naht größerer Verletzungen und Amputationen von Zehen. Je nach Art und Umfang des Eingriffes wird man sich zur Lokalanästhesie oder auch zur Vollnarkose entscheiden müssen.

Die Ultraviolettbestrahlung

Die Ultraviolettbestrahlung stellt eine nicht zu unterschätzende Behandlungsmöglichkeit beim Igel dar. So trägt sie in Form von Höhensonne oder direkter Sonnenbestrahlung maßgeblich zur Prophylaxe der Rachitis, aber auch zur Behandlung bereits aufgetretener rachitischer Erscheinungen mit bei. Ebenfalls zur Unterstützung der Therapie bei Ekzemen, schlecht heilenden Wunden, schütterem Stachel- oder Haarkleid und übermäßigem Stachelausfall kommt die UV-Bestrahlung zur Anwendung.

Der Patient wird unter Schutz der Augenpartie im Abstand von 1 m, mit 1 Minute beginnend und allmählich auf 3 Minuten verlängernd, bestrahlt.

Narkose

Die Narkose wird beim Igel zur Diagnosestellung und -sicherung häufiger angewandt werden müssen als bei anderen Tierarten in der Kleintierpraxis. Ist es doch beim besten Willen manchmal unmöglich, beim nichtnarkotisierten Tier Umfang und Grad einer Verletzung festzustellen und eine Aussage darüber zu machen, ob eine gesundheitliche Wiederherstellung im Bereich des Wahrscheinlichen liegt.

Auch mancher kleine Eingriff, bei dem zur Schmerzausschaltung normalerweise eine Lokalanästhesie ausreichen würde, muß unter Vollnarkose vorgenommen werden. So war es mir beispielsweise nicht möglich, eine gut sichtbare, allerdings ziemlich fest eingespießte Gräte ohne Narkose aus der Mundhöhle eines Igels zu entfernen.

Isenbügel (1976) empfiehlt zur Narkose Ketamin in einer Dosierung von 20 mg/kg Körpermasse (KM). Wojkowsky und Schneider (1973) erreichten nicht einmal mit 52 mg/kg KM eine ausreichende Ruhigstellung zwecks Untersuchung und Krallenkürzen. Empfohlen wird auch Hypnorm in einer Dosierung von 0,1 ml/100 g KM. Poduschka und Kieliger (1972) dosieren Hypnorm in einer Menge von 0,1 bis 0,2 ml/100 g KM. Bonath (1969) führt die Behandlung einer Urolithiasis unter Halothannarkose durch.

Wir benutzten zur Narkose Ketamin (Vetalar), kombiniert mit Xylazin (Rompun) in einer Dosierung von 30 mg/kg KM Ketamin und 5 mg/kg KM Xylazin. Allerdings war die Anzahl der bisher von uns narkotisierten Tiere recht klein, und außerdem handelte es sich bei den meisten von ihnen um bereits durch schwere Verletzungen geschwächte Patienten. Bei einigen gesunden Tieren reichten aber auch 40 mg/kg KM nicht aus, um eine genügend tiefe Narkose zu erzielen und erst eine zusätzliche Ethernarkose ermöglichte kleine chirurgische Eingriffe.

Euthanasie

Eine Euthanasie wird dann unumgänglich sein, wenn sich ein Tier in einem moribunden Zustand befindet oder so schwer verletzt ist, daß die Prognose bezüglich der gesundheitlichen Wiederherstellung ungünstig oder infaust ist.

Vor der Behandlung eines erkrankten Igels müssen wir uns immer folgende Fragen beantworten: Kann er wieder ausgesetzt werden? Wird er sich in der Freiheit zurechtfinden? Vermag er sich einzurollen? Sind alle lebensnotwendigen Reflexe und Funktionen gewährleistet? .

Mohr (1936) berichtete über ihren Igel folgendes: „Vor etwa 2 Jahren muß er beim Herausklettern einmal mit einem Bein hängen geblieben sein und sich dabei ein Hinterbein ausgesetzt (luxiert? der Verf.) haben. Nach wenigen Tagen benutzte er das schief stehende Bein ohne alle Schonung, hinkte in wechselndem Maße, marschierte aber täglich mehr als 50mal rund um das Zimmer herum allein in der Zeit, während wir dabei waren."

Einen Igel, der mir wegen einer klinisch diagnostizierten und durch Sektion bestätigten Luxation des Humerus vorgestellt wurde, schläferte ich jedoch ein. Möglicherweise hätte sich das Tier, wie der Igel von Mohr, nach kurzer Zeit zufriedenstellend bewegen können und ausreichend Nahrung gefunden, hätte es sich aber noch einrollen können? Denn ein Igel, der sich nicht einrollen kann, fällt leicht einem Feind zum Opfer oder erfriert während des Winterschlafes.

Es ist für den behandelnden Tierarzt nicht immer leicht, die richtige Entscheidung zu treffen. Erfahrung und Wissen über die Biologie des Tieres sind unerläßliche Voraussetzungen. Mitunter muß oder kann die Entscheidung von den künftigen Lebensbedingungen, die einem Tier geboten werden, Beeinflussung erfahren. So wurden zwei meiner Patienten, die nicht mehr ausgesetzt werden konnten, trotzdem nicht getötet, da die betreuenden Familien sich in solcher Art nicht von den liebgewonnen Pfleglingen trennen wollten.

Ein beiderseitig erblindetes Tier erhielt ein Häuschen und einen schönen Auslauf im Garten und fühlte sich dort bei Zufütterung anscheinend recht wohl.

Ein aus nicht bekannten Gründen vollkommen zahnloser Igel lebt seit 5 Jahren in Wohnung und Gartengehege und hält seinen alljährlichen Winterschlaf auf dem Balkon.

Wir euthanasieren Igel mit Ethylbutylthiobarbital-Natrium (Brevinarcon), intraperitoneal injiziert. Die benötigte Dosis ist sehr hoch, je nach Körpermasse und Allgemeinzustand 0,5 bis 2 g.

Dem schon zuvor erwähnten Tier mit der Humerusluxation, einem ansonsten gesunden Tier von 800 g KM, injizierte ich zunächst 0,5 g i. p. Nach einem tiefen Schlaf von etwa 3 Stunden zeigten sich Aufwachsymptome in Form von leichter Unruhe, Husten und beschleunigter Atmung. Ich injizierte nochmals 0,5 g i. p., und das Tier lag daraufhin bis zum nächsten Morgen in tiefer Narkose. Jetzt gab ich 1 g i. p., und das Tier starb innerhalb von 10 Minuten.

Ein Patient mit nur 3 Beinen wurde zur Untersuchung in Rompun-Vetalar-Narkose gelegt. An der Stelle der fehlenden Hinterextremität befand sich eine tiefe, jauchig stinkende Wunde, so daß wir uns zur Euthanasie entschieden. Das bereits narkotisierte Tier von 360 g KM erhielt 1,0 g Ethylbutylthiobarbital-Natrium i. p., und da es in einer Stunde noch lebte, 5 ml einer gesättigten Chloralhydratlösung und 5 ml einer ebenfalls gesättigten Magnesiumsulfatlösung i. p.; kurz nach dieser Injektion starb es.

Die exakte histopathologische Untersuchung von Organen der Tiere, die durch i. p. Verabreichung von Brevinarcon, Chloralhydrat oder Magnesiumsulfat euthanasiert wurden, ist erschwert oder unmöglich. Versuche mit subkutanen oder intramuskulären Injektionen von Methadon (*l*-Polamivet) und Ketamin führten erst bei außerordentlich hohen Dosen zum Erfolg. Nach jetzt noch geringen Erfahrungen wird eine Euthanasie mit Ether pro narcosi (Diethylether) möglicherweise den erwünschten schnellen Erfolg ohne massive Organschäden bringen.

Die Erstvorstellung des Igels
in der tierärztlichen Sprechstunde

Zunächst legen wir von jedem Patienten eine Karteikarte an, auf der, außer den üblichen Angaben, Fundtermin, -gewicht und -ort und das Gewicht des Patienten (Abb. 23) zum Zeitpunkt der ersten Vorstellung eingetragen werden.

Eine an der Wand zu befestigende Haushaltswaage nimmt wenig Platz ein und eignet sich vorzüglich zur Gewichtsbestimmung.

Bei unruhigen oder kletterlustigen Tieren benutzen wir als Käfig einen Gemüsedurchschlag aus Plaste, dessen Gewicht natürlich vom Gesamtgewicht abgezogen werden muß. Manchmal reicht es auch aus, das Tier auf den Rücken zu legen. Es bleibt dann meist kurze Zeit eingerollt liegen und kann gewogen werden.

Nach Feststellung der Körpermasse und des Geschlechts wird die klinische Untersuchung durchgeführt, bei der wir besonders auf Ernährungs- und Allgemeinzustand achten. Abgemagerte oder kachektische Tiere haben naturgemäß sehr viel überflüssiges Fell, was an beiden Körperseiten in zwei großen, abziehbaren Längsfalten sichtbar wird.

Bei starkem Flohbefall wird das Tier mit einem in der Kleintierpraxis gebräuchlichen Kontaktinsektizid eingestäubt und dem Betreuer geraten, es zu Hause gleich gründlich handwarm abzuduschen (siehe Abschnitt „Erste Maßnahmen bei der Aufnahme des Pfleglings"). Jeder Igel über 100 g Körpermasse wird sofort einer Kur gegen Endoparasiten unterzogen. Ferner erhält jeder Patient generell eine subkutane Injektion von 0,3 bis 0,5 ml Vitamin-B-Komplex pro inj. und 0,05 ml Ursovit A, C, D_3, E, wäßrig. Wir rezeptieren Summavit-Tropfen, täglich oder jeden 2. Tag 1 Tropfen, und ein Mineralstoffgemische, täglich eine reichliche Messerspitze bis etwa 1/4 Teelöffel voll, je nach Körpermasse.

Besonders wichtig ist die Beratung des Betreuers hinsichtlich Pflege, Unterkunft und Ernährung des Pfleglings. In Praxen mit vielen Igelpatienten empfiehlt sich die Abgabe kurzgehaltener Merkblätter zur

Abb. 23. Wiegen des Igels.

Zeitersparnis für den Tierarzt und zur besseren Information für den Pfleger.

In der Regel möchte der Überbringer die Pflege selbst durchführen. Mitunter gibt es hierfür jedoch ernsthafte Hinderungsgründe, z. B. häufige Dienstreisen, absoluter Platzmangel oder bereits schon vorhandene Igel (denn mancher findet jedes Wochenende wieder einen kleinen Igel im Garten, vielleicht Wurfgeschwister, und kann beim besten Willen 5 Stacheltiere nicht unterbringen). In solchen Fällen werden Pflegefamilien gesucht und meist auch gefunden. Allerdings tut man gut daran, schon im Sommer mit einer kleinen Rundfrage zu beginnen, damit es im Herbst keine ernsthaften Schwierigkeiten gibt, denn die Unterbringungskapazität der Praxismitarbeiter, ihrer Verwandten, Bekannten und Nachbarn ist auch nicht unbegrenzt.

Viele Menschen scheuen jedoch weder Arbeit noch Sorgen und Unkosten und erklären sich alljährlich wieder bereit, einen kleinen Wintergast aufzunehmen. Hier gebührt ein großes Lob den vielen Jugendlichen, die aufopferungsvoll ihren kleinen Igel versorgen und denen oft keine Mühe für das Wohl ihres Pfleglings zu groß ist. Die genauesten Gewichtslisten und Berichte über Ernährung, Verhalten und Abweichungen von der Norm erhalten wir häufig gerade von Schulkindern und Lehrlingen.

Zum Abschluß der Erstvorstellung des Igels und unseres Gespräches mit dem Betreuer weisen wir stets darauf hin, daß Igel keine Heimtiere, sondern geschützte Wildtiere sind und sie nach gesundheitlicher Wiederherstellung oder Überwinterung zu einem für sie günstigen Zeitpunkt in einem igelfreundlichen Biotop wieder ausgesetzt werden müssen.

Krankheiten des Igels

Allgemeine Krankheitssymptome, Vorbericht

Mit einiger Erfahrung erkennt man häufig bereits am äußeren Bild den gestörten Allgemeinzustand des Patienten. Markante Hinweise hierfür sind: matte, eingefallene Augen, die trockene, graue Nase, ein besonders spitzes Köpfchen, Desinteresse an seiner Umgebung, herabgesetzte Reaktion auf Geräusche und Berühren und Hunger- oder Durstfalten an den beiden Körperseiten.

Des weiteren achtet man auf Ekzeme (sie befinden sich fast immer im Kopfbereich), auf übermäßigen Stachelausfall, Wunden sowie Zekken und Flöhe. Bei einem hochgradigen Befall mit Ektoparasiten kontrolliert man unbedingt die sichtbaren Schleimhäute, um sich über das eventuelle Vorliegen einer Anämie zu informieren.

Schwere Durchfälle lassen sich häufig an dem mit Kot beschmutzten Analbereich, eine Pyometra vielleicht am Scheidenausfluß diagnostizieren.

Läßt der Patient sich zum Laufen bewegen, achtet man auf die Belastung der Extremitäten, auf Lahmheiten, Nachhandschwäche und die Länge der Krallen.

Auch wirft man einen Blick in das Transportbehältnis: Konsistenz und Farbe des Kotes sind zu kontrollieren, eine starke Stachelansammlung entspricht nicht der Norm, und wenn das Einwickeltuch mit vielen Blutpünktchen übersät ist, kann der Flohbefall bei einem kleinen Igel lebensbedrohlich sein.

Weitere wichtige Hinweise entnehmen wir dem Vorbericht.

Der Betreuer kann uns Auskunft geben über die letzte Nahrungs- und Flüssigkeitsaufnahme und was dem Tier angeboten wurde. Bei Inappetenz kann er uns mitteilen, ob sie sich allmählich entwickelt hat oder ob es sich um eine plötzliche Futterverweigerung handelt. Manchmal wird auch nur weiches, leicht schluckbares Futter abgenommen; dies kann ein Hinweis für Zahn- und Zahnfleischerkrankungen sein.

Aussagen über Konsistenz, Farbe und Häufigkeit der Ausscheidungen sind ebenfalls sehr wichtig. Auch Informationen hinsichtlich Husten, Niesen, Schnupfen (nicht zu verwechseln mit der üblicherweise sehr feuchten Igelnase), Atemnebengeräusche und erschwerter Atmung können bei der Diagnosestellung helfen.

Dem Betreuer fallen manchmal besonders eine fehlende Aktivität oder zu kurze nächtliche Aktivitätsphasen auf, und unter Umständen beobachtet er auch erschwertes Laufen oder eine Lahmheit. Im Frühjahr kommt er eventuell wegen Störungen in dem sonst üblichen Verhalten seines Pfleglings zum Tierarzt. Häufig berichtet er dann über auffällige Scheue des sonst recht zahmen Tieres, oder er beklagt sich über zunehmende Aggressivität in den letzten Tagen oder Wochen (siehe Abschnitt „Das Wiederaussetzen des Pfleglings").

Der behandelnde Tierarzt wird sich oft ausführlich nach Unterbringung, Pflege und Ernährung des Patienten erkundigen müssen und darf insbesondere auch Fragen des Auslaufs, der Raum- und Fußbodentemperatur sowie der Sonnenbestrahlung nicht außer acht lassen.

Parasitäre Erkrankungen

Ektoparasiten

Flöhe: Fast alle vorgestellten Igel waren entweder bereits vom Betreuer wegen starken Flohbefalls vorbehandelt oder noch hochgradig verfloht. Auch kleinste Igel hatten häufig über 100 Flöhe. Beim Öffnen des Transportbehältnisses sprangen sie oft in großen Mengen auf den Behandlungstisch.

Sgonina (1935) zählte bis 600 Flöhe je Igel. Er berichtet, daß der Igelfloh, *Archaeopsylla erinacei,* auch bei Kröten, Fröschen und beim Regenwurm saugt, dabei aber nicht geschlechtsreif werden kann. Beim Saugakt fällt der Igelfloh in einen Starrezustand und ist dann gegen viele Reize nahezu unempfindlich, auch unter Wasser saugt er weiter. Der Saugakt dauert im allgemeinen 10 bis 20 Minuten, manchmal jedoch bis zu einer Stunde.

Nach Versluys (1975) kommen außer dem spezifischen Igelfloh auch der Katzenfloh, *Ctenocephalides felis*, der Rattenfloh, *Nosopsyllus fasciatus,* und der weniger spezialisierte Säugetierfloh, *Ctenophthalmus agyrtes,* vor.

Bei bereits durch Unterernährung und Kälte geschwächten Jungigeln kann ein starker Flohbefall durchaus zum Tode führen. Der

Sektionsbefund einer unserer Patienten lautete: Todesursache Anämie, bedingt durch hochgradigen Flohbefall.

Therapie: Bei geringgradigem bis mäßigem Befall genügt meist ein wiederholtes Duschen (siehe Abschnitt „Erste Maßnahmen bei der Aufnahme des Pfleglings"). Bei hochgradigem oder sehr hartnäckigem Befall wird der Igel mit einem in der Kleintierpraxis gebräuchlichen Kontaktinsektizid eingestäubt und nach einer Einwirkungszeit von etwa 10 Minuten sehr gründlich handwarm abgeduscht und gut abgetrocknet, eventuell auch gefönt.

Die Igel müssen dann nach der Behandlung natürlich in möglichst flohfreien Behausungen untergebracht werden. Benutzte Schlafhäuschen aus Pappe einschließlich des Füllmaterials läßt man am besten verbrennen und durch ähnliche, neue Unterkünfte ersetzen.

In eigener Pflege befindliche Tiere mit häufig großen Hautläsionen auf Grund von Unfällen wagte ich nicht mit Kontaktinsektiziden zu behandeln. Sie wurden ausschließlich mehrmals gründlichst abgeduscht und waren anschließend absolut flohfrei.

Zecken: Bei mehr als der Hälfte der Tiere waren Zecken, und zwar oft in erheblicher Anzahl, vorhanden. Es kommen in unseren Breiten beim Igel überwiegend *Ixodes hexagonus* und *Ixodes ricinus* vor. Die Igelzecke, *Ixodes hexagonus,* wurde auch nachgewiesen bei Mauswiesel, Hermelin, Frettchen, Ratten, Maulwurf, Fuchs, Hund, Katze und Rind (Carter, 1955). Smith (1968) stellte beim Igel noch *Dermacentor reticulatus, Haemaphysalis-* und *Rhipicephalus*-Arten fest.

Nach Isenbügel (1976) kommen *Rhipicephalus*-Arten als Überträger von Leptospiren und *Coxiella burneti* (Q-Fieber) in Frage.

Die Zecken befinden sich meist am Kopf, besonders im Mundbereich und an den Ohren (Abb. 24). Schlecht zugängliche Lieblingsplätze sind aber auch Achselhöhlen, Brust- und Bauchbereich. Zwischen den Stacheln sahen wir sie nur ganz vereinzelt.

Therapie: Durch Benetzen der Zecken mit Öl oder Vaseline werden die Stigmen des Parasiten verstopft. Nach kurzer Zeit lassen sie sich dann relativ leicht durch drehendes Bewegen mittels Pinzette aus der Haut entfernen. Bei massivem Befall, an einigen Tieren befanden sich mehr als 100 Zecken, erzielten wir gute Resultate mit Ivomec (Wirkstoff: Ivermectin). Entweder wurden einige Tropfen zwischen die Stacheln im Nackenbereich aufgeträufelt, oder wir injizierten 0,1 bis 0,2 ml der unverdünnten Lösung. Die Igel waren nach 24 bis 48 Stunden zeckenfrei.

Abb. 24. Zeckenbefall

Fliegenmaden: Fliegenmaden fanden wir bei einigen jüngeren, stark geschwächten Tieren an und in den natürlichen Körperöffnungen und bei mehreren verletzten Igeln in den Wunden.

Bei einem 130 g schweren Igel, der in einem nicht abgedeckten Betonschacht gefunden wurde, waren Nasengänge, Ohren, Augen, Mundpartie, Genital- und Analöffnung sowie mehrere Wunden übersät mit Maden. Das Tier verstarb bereits während des Versuchs der Entfernung derselben. Bei einem 65 g schweren Igelbaby entfernten wir einige Hundert Maden. Das Tier verstarb trotz guter Futteraufnahme einen Tag später.

Verletzte Igel sollen generell erst nach vollkommener Abheilung der Wunden ausgesetzt werden, um einen Befall mit Fliegenmaden zu vermeiden.

Therapie: Waren nur einige Wunden mit Maden befallen, so spülten wir diese sehr gründlich mit Wasser, eventuell wurde auch wieder abgeduscht. Das empfohlene Ablesen mit der Pinzette ist sehr aufwendig und erscheint nur dort zweckmäßig, wo die befallenen Stellen nicht aus- oder abgespült werden können. Auch könnte ein Behandlungsversuch mit Ivomec (siehe Zecken) versucht werden.

Milben: Milben wurden bei unseren Patienten bisher nicht nachgewiesen. In der Literatur sind jedoch mehrere diesbezügliche Angaben vorhanden.

Swierstra und Mitarbeiter (1959) wiesen *Notoëdres cati* und Smith (1968) *Demodex erinacei* und *Caparina tripilis* nach.

Isenbügel (1976) beschreibt bei Befall mit *Demodex erinacei* in der Haarbalglokalisation und bei *Caparina tripilis* als Grabmilbe borkige Reaktionen der Haut und häufiges Auftreten von Sekundärinfektionen.

Notoëdres-cati-Befall beginnt meist im Bereich der Ohrränder und breitet sich dann weiter aus.

Caparina tripilis kann *Trichophyton*-Arten übertragen, der Befall manifestiert sich im Bereich der Nase, der Ohren und über den Augen (Isenbügel, 1976).

Grabmilben, z. B. *Chorioptes* spec., können sich in Stachelausfall und borkigen Veränderungen der Haut äußern (Schütze, 1980).

Sarcoptesräude beim Igel stellten Tadmor und Rauchbach (1972) und Kuttin und Mitarbeiter (1977) fest.

Tadmor und Rauchbach beschreiben das Krankheitsbild bei einem befallenen Tier sehr ausführlich: starke Hautverdickung des Nasenrückens mit Rötung, Haarausfall und Schuppenbildung, die Augen sind brillenartig von Borken umrahmt, Schwanz und Gliedmaßen mit Knötchen, Bläschen und Hautschuppen bis zu 10 mm Dicke bedeckt, die Haut sieht wie gepanzert aus, das Tier ist unruhig und zeigt starken Juckreiz.

Durch Hautgeschabsel wurden Räudemilben der Gattung *Sarcoptes* nachgewiesen. Es erkrankte noch ein Igel, beide wurden kachektisch und starben. Ob es sich hierbei um eine artspezifische Räude des Igels oder um eine Infektion mit Räudemilben anderer Laboratoriumstiere handelte, konnte nicht festgestellt werden. Eine Behandlung mit „Opigal 5", einem Carbaryl-Insektizid, zeigte keinen Erfolg. *Therapie:* Versluys (1975) empfiehlt Reinigung und Anwendung von Lindanpräparaten, Schütze (1980) rät ebenfalls zu Insektiziden, und auch ein Versuch mit Ivomec (siehe Zecken) könnte unternommen werden.

Die Prognose bei Sarcoptesräude scheint jedoch nicht günstig zu sein.

Endoparasiten

Der Igel ist außerordentlich stark von Endoparasiten befallen. Nach Timme (1980) wurden bei 39 % der von ihr sezierten 410 Tiere Parasitosen als Todesursache festgestellt, davon fast die Hälfte durch Lungenwürmer (*Crenosoma striatum* und *Capillaria aerophila*) verursacht. Schütze (1980) führte parasitologische Untersuchungen bei 437, z. T. bereits vorbehandelten Igeln durch. Bei 79,4 % wurde *Crenosoma striatum*, bei 41,7 % *Capillaria aerophila* und bei 56,4 % *Capillaria* spec. nachgewiesen.

Die Häufigkeit des Mehrfachbefalls, 2 bis 5 Parasitenarten je Tier, lag bei 80 %.

Nur 25 Igel, also 5,7 %, wiesen einen negativen Befund auf, wahrscheinlich handelte es sich hier überwiegend um vorbehandelte Tiere.

Obwohl der Igel in der freien Natur mit diesem Parasitenbefall selbst fertig werden muß, ist zu bedenken, daß beim geschwächten und unterernährten Pflegling die Widerstandskraft herabgesetzt ist. Hier ist eine Behandlung dringend indiziert.

Ein großes Problem stellt sich mir seit langem bezüglich der Häufigkeit der Durchführung von Wurmkuren bei unseren Patienten. Mit den Jahren war ich zunehmend weniger bereit, ständig zu entwurmen, denn es ließ sich immer öfter feststellen, daß bei (zu?) häufig durchgeführten Wurmkuren zur Erreichung einer absoluten Wurmfreiheit Futterverweigerung und Verschlechterung des Allgemeinbefindens auftraten. Die Überlebenschancen schienen bei diesen Tieren oft geringer zu sein.

Seit 1982/83 gehen wir nun folgendermaßen vor: Bei der Erstvorstellung des Tieres in der Praxis wird Mebendazol in Form von Vermox rezeptiert. Dieses Anthelminthikum wird wegen seines süßen Geschmacks von fast allen Igeln komplikationslos abgenommen. Dem Betreuer wird empfohlen, sofort mit der Verabreichung zu beginnen. Nach unseren Erfahrungen zeigt Mebendazol gute Behandlungserfolge sowohl beim Befall mit *Crenosoma striatum, Capillaria* spec. und *Capillaria aerophila* als auch beim Befall mit *Brachylaemus erinacei.* Wird auf Grund von Verfolgsuntersuchungen ein hochgradiger Befall mit einer oder mit mehreren Arten von Endoparasiten festgestellt, wird die Behandlung wiederholt. Beim Vorliegen·eines vereinzelten oder geringgradigen Befalls wird nur dann behandelt, wenn die für die jeweilige Parasitenart typischen Beschwerden auftreten.

Kurz vor dem Aussetzen sollte nach Meinung von Poduschka, Saupe und Schütze (1984) und Fritzsche (1983) eine Kotprobe untersucht und bei positivem Befund der Pflegling noch einmal entwurmt werden. Wenn wir davon ausgehen, daß der Igel sich mit größter Wahrscheinlichkeit bereits nach kurzem Aufenthalt in der Freiheit durch den Verzehr von Schnecken und Regenwürmern reinfiziert, erscheint diese Empfehlung sinnlos, wenn nicht gar von Schaden für den Pflegling.

Esser (1984) nimmt an, daß bei den im Herbst parasitenfrei gemachten Igeln das Abwehrsystem gegen Parasiten teilweise oder eventuell ganz abgebaut wird. Nach dem Aussetzen kommt es dann zu einem plötzlichen massiven neuerlichen Befall, der zu Körpermasseverlust, Enteritiden und anderen Erscheinungen führen kann. Das Zurechtfinden in der freien Natur würde dadurch stark erschwert werden. Sollte sich diese Annahme bestätigen, wäre die seit Jahren praktizierte und von vielen Autoren empfohlene Entwurmung von großem Nachteil für den Pflegling.

Versuche, die ich 1985 mit Ivomec (Wirkstoff: Ivermectin) zur Endoparasitenbekämpfung beim Igel durchführte, brachten, abgesehen von der auch von Bauer (1987) bestätigten Erkenntnis der völligen Wirkungslosigkeit des Präparates (zumindest auf diesem Gebiet), folgendes interessantes Ergebnis: Der größte Teil der beim Versuchsbeginn gesund erscheinenden Tiere zeigte trotz des z. T. massiven Befalls mit Endoparasiten (vor und nach der Behandlung mit Ivomec) ein ausgezeichnetes Befinden, gute Körpermassezunahme, keine Enteritiden, selten Husten. Diese Igel erreichten ohne weitere Entwurmung ein Gewicht von 800 bis 1200 g und wurden im Mai 1986 ausgesetzt. Dieses Resultat sollte uns zu denken geben und stellt die Zweckmäßigkeit der bisher von fast allen Igelbetreuern geforderten und praktizierten absoluten Wurmfreimachung sehr in Frage.

Crenosoma striatum: Der schachtelhalmförmige Lungenwurm wurde von Schütze (1980) bei 347 von 437 untersuchten Igeln nachgewiesen, also bei 79,4 %.

Lämmler und Saupe (1968) führten Infektionsversuche mit *Crenosoma striatum* durch. Sie stellten fest, daß alle Landschnecken mit *Crenosoma striatum* infiziert werden können. Die Larve I wird mit dem Kot der befallenen Igel ausgeschieden. Sie dringt aktiv in den Schneckenfuß ein und entwickelt sich in 18 bis 20 Tagen über eine Larve II zur infektiösen Larve III. Nimmt nun der Igel infizierte Schnecken auf, gelangt die Larve III in die Lunge und entwickelt sich dort zum geschlechtsreifen Lungenwurm. Ab 21. Tag post infectionem beginnen die adulten Lungen-Würmer, die Larven I abzugeben. Zu diesem Zeitpunkt kann es jedoch bereits zu schwersten Störungen des Allgemeinbefindens oder zum Tode des Tieres gekommen sein. Ein von Saupe und Lämmler (1968) künstlich infizierter Igel starb am 13. Tag nach der Infektion. Der Sektionsbefund ergab Bronchitis und eine große Anzahl von Würmern in den Bronchien. Die Kotuntersuchung erbrachte bis zum Tode des Tieres keinen Befund!

Matthiesen und Kunstýř (1974) berichteten über Lungenwurmbefall in einer zu Versuchszwecken gehaltenen Igelkolonie. Alle jüngeren Igel zwischen 165 bis 280 g starben an Lungenwürmern. Die klinischen Symptome waren Gewichtsabnahme, eitriger Nasenausfluß, Atembeschwerden und Konjunktivitis. Histologisch wurden in allen untersuchten Lungen angeschnittene Lungenwürmer gefunden. Weiterhin lagen Peribronchitiden und eitrige Bronchopneumonien vor.

Auch Timme (1980) schreibt: „Bei der Sektion findet man schwere Bronchopneumonien mit zahlreichen adulten Wurmexemplaren in den Bronchien. Im histologischen Bild dominieren zahlreiche Parasitenanschnitte, ausgeprägte Peribronchitiden sowie unterschiedliche katarrhalisch-eitrige Reaktionen, bedingt durch die häufige bakterielle Sekundärinfektion des vorgeschädigten Lungenparenchyms."

Auf Grund des häufig starken Befalls unserer Igelpatienten mit *Crenosoma striatum* und der Tatsache, daß der Tod eines Tieres bereits eingetreten sein kann, bevor die Kotuntersuchungen ein positives Ergebnis zeigen, erscheint die sofortige Durchführung einer Wurmkur unumgänglich.

Diese Meinung vertreten auch Poduschka und Kieliger (1972), Isenbügel (1976), Kramm (1979), Poduschka, Saupe und Schütze (1979), Schütze (1980) und andere Autoren.

Gronefeld (1979) berichtet, daß 1977/78 72% aller Igel im Starnberger Tierheim starben. Im Winter 1978/79 wurden die Tiere sofort gegen Lungenwürmer behandelt, und es starben von 742 aufgenommenen Tieren nur 32.

Poduschka, Saupe und Schütze (1979) empfehlen, Jungtiere bis 200 g nicht sofort einer Wurmkur zu unterziehen, da sie häufig keinen oder nur schwachen Parasitenbefall zeigen würden. Im Gegensatz dazu berichteten Matthiesen und Kunstýř (1974), daß alle Tiere zwischen 165 bis 280 g an Lungenwurmbefall starben. Unsere Patienten unter 200 g hatten bereits häufig einen hochgradigen Befall mit *Crenosoma striatum*, so daß wir dazu übergegangen sind, Tiere ab 100 g Körpermasse zu entwurmen.

Therapie: Die Behandlung wurde mit zufriedenstellendem Erfolg mit

Mebendazol in Form von Mebenvet oder Vermox-Tabletten durchgeführt. Wir geben 10 bis 20 mg/100 g KM 5 Tage lang über das Futter. Der manchmal während einer Mebendazolkur auftretende Durchfall läßt sich durch Zusatz von Carbo medicinalis o. ä. beheben. Mit gutem Resultat ist auch das Levamisol, z. B. als 1%ige Lösung von Citarin L (Bayer, Leverkusen), zu verwenden. Es wird 2mal im Abstand von 48 Stunden in einer Dosierung von jeweils 0,2 ml/100 g KM subkutan injiziert (2 mg Wirkstoff/100 g KM). Lienhardt (1986) verzeichnet gute Ergebnisse mit der Injektion einer 2,5%igen Citarinlösung, 0.1 ml/100 g KM; die Verabreichung ist ebenfalls in 48 Stunden zu wiederholen. Ein parenteral anzuwendendes Mittel hat den großen Vorteil, daß auch stark geschwächte Tiere, die jegliches Futter verweigern, behandelt werden könnten. Bei beiden Behandlungsarten wird eine koprologische Nachuntersuchung nach 3 Wochen empfohlen und wenn nötig, eine nochmalige Kur durchgeführt.

Eulenberger (1980) empfiehlt den Versuch einer Behandlung mit Tetramisolhydrochlorid (Nilverm). Diesbezügliche Erfahrungen besitze ich nicht.

Capillaria aerophila: Lungenhaarwurmbefall wurde von Schütze (1980) bei 437 untersuchten Tieren 182mal nachgewiesen.

Von 70 durch Lungenwürmer verstorbenen Igeln wurde bei 17 Tieren *Capillaria aerophila* und bei 36 *Capillaria aerophila* in Kombination mit *Crenosoma striatum* in Form einer Mischinfektion als Todesursache festgestellt. Die restlichen 17 starben an *Crenosoma striatum* (Timme, 1980).

Sehr viel ist über diesen Parasiten noch nicht bekannt. Er soll sich ohne Zwischenwirt in der Außenwelt entwickeln und benutzt eventuell Regenwürmer als Transport- oder Sammelwirt (Poduschka, Saupe und Schütze, 1979).

Das klinische Bild äußert sich, wie beim Befall mit *Crenosoma striatum,* in Atemnot, röchelnden Atemgeräuschen und Hustenanfällen. *Therapie:* Mebendazol (Dosierung s. *Crenosoma striatum).* Schütze (1980) gibt bei Igeln bis 500 g KM 5 Tage lang 50 mg Mebendazol und bei Tieren über 500 g KM 5 Tage lang 100 mg Mebendazol.

Eine koprologische Nachuntersuchung soll frühestens 3 Wochen nach Beendigung der Kur durchgeführt werden.

Die Eier sind langlebig und widerstandsfähig, und der Igel kann sich bei mangelnden hygienischen Verhältnissen reinfizieren.

Capillaria spec.: *Capillaria* spec. wurde von Schütze (1980) bei 437 Igeln 245mal nachgewiesen.
Von insgesamt 57 Parasitosen des Magen-Darm-Traktes wurde 51-mal *Capillaria*-Befall als Todesursache festgestellt. Als Sektionsergebnis zeigt sich eine chronische katarrhalische Enteritis. Im Dünndarm, seltener im Magen, finden sich massenhaft adulte Capillarien (Timme, 1980).
Zu den *Capillaria*-Arten werden verschiedene Spezies von Haarwürmern gerechnet; sie befallen den Verdauungstrakt und sind noch nicht eindeutig zu unterscheiden. Hinsichtlich ihrer Entwicklung ist auch nur wenig bekannt.
Den Regenwürmern wird wie beim Lungenhaarwurm eine Rolle als Überträger zugesprochen.
Bei stärkerem Befall kommt es zu Inappetenz, Abmagerung und Verdauungsstörungen, zu schweren Enteritiden und zum Exitus.
Therapie: Mebendazol (Dosierung s. *Crenosoma striatum*). Eine koprologische Nachuntersuchung ist frühestens 2 Wochen nach Beendigung der Kur durchzuführen.
Der Hygiene ist, ebenso wie bei *Capillaria aerophila,* große Bedeutung beizumessen.

Brachylaemus erinacei: Er ist ein wirtsspezifischer Saugwurm des Igels, der durch die Aufnahme infizierter Schnecken übertragen wird. Er kann den Darmkanal und bei starkem Befall die Gallengänge in mehreren tausend Exemplaren besiedeln.
Timme (1980) wies ihn nur vereinzelt als Todesursache bei über 400 sezierten Igeln nach; sie beobachtete dann einen subtotalen Ileus durch zahlreiche Würmer.
Schütze (1980) stellte bei 25 % der untersuchten Igelkotproben *Brachylaemus erinacei* fest. Er ist der Meinung, daß die Verbreitung dieses Saugwurms regional sehr unterschiedlich sein könnte. Im Raum Gießen, im Taunusgebiet und in Mittelhessen waren nur 1 % der Proben positiv, in Berlin (West) jedoch 80 %.
Bei unseren Patienten zeigte sich in den letzten Jahren eine ständige Zunahme des Befalls mit *Brachylaemus erinacei.* 1983 wurde er in 35 % der untersuchten Kotproben unbehandelter Tiere nachgewiesen. Das klinische Bild äußert sich bei massivem Befall in Inappetenz, Körpermasseverlust, rapider Verschlechterung des Allgemeinzustandes, Enteritis, Anämie und Exitus.
Therapie: Wir behandeln mit bestem Erfolg mit Mebendazol (Dosierung siehe *Crenosoma striatum*). Gute Resultate werden auch bei der

Anwendung von Praziquantel (Droncit) erzielt. Wir verabreichen 10 bis 15 mg bei Tieren bis 500 g KM und 25 mg ab 500 g KM. Das Medikament wird gut zerkleinert unter das Futter gemischt und einmalig verabreicht. Wegen seines nachhaltig bitteren Geschmacks bereitet die orale Applikation jedoch häufig Schwierigkeiten.

Eine Behandlung mit Niclosamid (Radeverm), 1mal 200 mg/kg KM durch das Futter, soll nach Poduschka, Saupe und Schütze (1979) ebenfalls voll wirksam sein.

Zestoden: Bandwurmbefall ist beim Igel selten. Schütze (1980) wies bei 437 Kotuntersuchungen 3mal und Timme (1980) bei 410 sezierten Igeln 2mal einen Befall mit *Hymenolepis erinacei* nach. Als Zwischenwirte kommen viele Insekten und deren Larven in Frage, u. a. Grillen, Motten, Käfer, aber auch Tausendfüßer (Versluys, 1975). Die Proglottiden sind makroskopisch sichtbar. Smith (1968) erwähnt noch *Diphyllobothrium erinacei* und *Oochoristica,* die in unseren Breiten wohl nicht vorkommen.
Therapie: Praziquantel (Dosierung s. *Brachylaemus erinacei).* Isenbügel (1976) empfiehlt 50 mg Mebendazol/kg KM.

Spiruridae, Acanthocephala: Weitere beim Igel vereinzelt vorkommende Endoparasiten sind Spiruriden (Rollschwänze), und zwar die blutrote *Spirocerca lupi* im Magen und *Rictualaria plagiostoma* sowie *Rictualaria aethechinus* (Versluys, 1975).
Spiruriden scheinen für den gesunden Igel nicht besonders pathogen zu sein. Sie sind ziemlich groß, 2 bis 8 cm lang und gehen nach Applikation von Levamisol oder Mebendazol zum Zwecke der Lungenwurmbekämpfung eventuell mit dem Kot ab (Poduschka, Saupe und Schütze, 1979).
Akanthocephalen (Kratzer) können noch länger als die Rollschwänze sein, sind ziemlich therapieresistent, aber können nach Levamisolinjektion unter Umständen mit abgehen (Poduschka, Saupe und Schütze, 1979). Nachgewiesen wurden *Echinorhynchus, Prostenorchis* und *Moniliformis* (Versluys, 1975).

Kokzidien: Schütze (1980) fand in 49 von 437 Igelkotproben (= 11 %) Kokzidien-Oozysten, und Timme (1980) stellte bei 3 von 410 sezierten Tieren Kokzidiose als Todesursache fest. Es lag eine hämorrhagische Enteritis bei allen 3 Igeln vor, und bei 2 Tieren lautete die Anamnese: „Plötzliches Darmbluten". Auch Schütze (1980) berichtete von blutigen Durchfällen bei massiver Ausscheidung von Oozysten. Er beobachtete bei anthelminthischen Behandlungen von Igeln gelegentlich Futterverweigerung und Enteritis. Als Ursache stellte er plötzliche massive Kokzidiose mit starker Oozystenbildung fest, obwohl bei den Tieren vorher keine oder nur geringe Oozystenbildung nachgewiesen werden konnte. Die Behandlung der Kokzidiose beseitigte die Krankheitserscheinungen schnell.

Bei 14 % unserer Patienten wurden Kokzidien-Oozysten nachgewiesen. Deutliche klinische Erscheinungen konnten wir allerdings bisher nicht beobachten. Ab und zu aufgetretene Enteritiden können genausogut bakterieller oder unspezifischer Ursache gewesen sein.

Das Sinnvolle einer Behandlung bei jedem Kokzidienbefall erscheint also etwas in Frage gestellt, auch wenn wir bedenken, daß trotz des relativ hohen Befalls die Letalität (Timme, 1980) erheblich unter 1 % liegt.

Unabhängig vom Nachweis von Kokzidien-Oozysten behandeln wir nur beim Auftreten klinischer Symptome (die, wie schon erwähnt, auch durch andere Erkrankungen verursacht werden können).

Therapie: Amfuridon (Zusammensetzung: Furazolidonum 1,5, Chloramphenicolum 0,8, Vitamin A 180000 I. E., Vitamin E 60 I. E., Glucosum ad 100,0), $1/4$ bis 1 Teelöffel voll je nach KM 3 bis 5 Tage lang über das Futter. Diät (siehe „Krankheiten des Verdauungstraktes"). Vitamin K_3, oral oder subkutan, bei hämorrhagischen Enteritiden.

Amfuridon ist ein Antidiarrhoikum zur Behandlung infektiöser Enteritiden der Jungtiere. Durch den Gehalt an Furazolidon wirkt es kokzidiostatisch und durch Chloramphenicol bakteriostatisch. Es enthält einen großen Anteil an Glucose und wird deshalb wahrscheinlich meist ohne Mühe abgenommen. Eine Behandlung mit Sulfadimidin per os (Zusammensetzung: Sulfadimidin Natrium 21,6, Aqua ad 100,0 ml) in einer Dosierung von 4 Tropfen/100 g KM 5 Tage lang mit dem Futter, führte bei vielen Tieren, wahrscheinlich auf Grund des widerlich bitteren Geschmacks, zur Nahrungsverweigerung.

Sollte sowohl Amfuridon als auch Sulfadimidin per os nicht abgenommen werden, könnte Sulfadimidin pro inj., 5 Tage lang in einer Dosierung von 0,3 bis 1,0 ml je Tier s. k. injiziert, versucht werden.

Mykosen

Nach Smith (1968) ist *Trichophyton mentagrophytes* var. *erinacei* beim Igel am häufigsten verbreitet, er wies aber auch *Trichophyton schoenleinii* nach. Beide Arten sind für den Menschen pathogen.

Trichophyton schoenleinii ist der Erreger von Mykosen des behaarten Kopfes, die als Favus oder Erbgrind bezeichnet werden. Außerdem fand Smith (1968) *Trichophyton terrestre,* dessen pathogene Bedeutung umstritten ist.

Die Infektion mit *Trichophyton mentagrophytes* var. *erinacei* scheint häufig mit einem Befall durch *Caparina tripilis* kombiniert zu sein.

Kuttin und Mitarbeiter (1977) beschreiben einen Fall von Dermatitis bei einem Igel, hervorgerufen durch *Sarcoptes scabiei* und *Trichophyton erinacei* und weisen auf die Gefahr der Ansteckung des Menschen hin.

Therapie: Versluys (1975) empfiehlt Griseofulvin per os, 30 mg/kg KM 3 bis 5 Wochen lang und zusätzlich die Anwendung lokaler Antimykotika nach Entfernen von Haaren und Stacheln und gründlicher Reinigung der Haut.

Nach Smith (1968) können auch *Candida albicans* und andere *Candida*-Arten vorkommen.

Bei Resistenzminderung des Organismus und bei starkem Befall könnten sie vielleicht pathogen wirken und Mykosen der Schleimhäute hervorrufen.

Bei unseren Patienten wurde bisher nur einmal *Trichophyton erinacei* nachgewiesen.

Bakterielle Infektionen

Von 410 durch Timme (1980) sezierten Igeln starben 76 (= 19 %) an bakteriellen Erkrankungen. Davon verendeten 49 (= 64 %) an Salmonellose und 16 (= 21 %) an *Escherichia coli.* Die restlichen Tiere starben an Infektionen mit *Proteus* (3 Tiere), *Pasteurella multocida* (3 Tiere), Streptokokken (3 Tiere) und *Yersinia pseudotuberculosis* (2 Tiere).

Smith (1968) wies *Escherichia* spec., *Salmonella* spec., *Pseudomonas* spec., *Clostridium perfringens, Bordetella bronchiseptica, Pasteurella* einschließlich *Pasteurella multocida, Haemophilus* spec., hämolysierende Streptokokken, *Listeria monocytogenes* (in der Leber eines erkrankten Igels), *Mycobacterium bovis* (im Lungenabszeß) und *Leptospira* spec. nach.

Leptospirentypen beim Igel wurden auch festgestellt von Babudieri und Farina (1964), Farina, Marraghini und Andreani (1964), Wolff und Bohlander (1965), Széky und Kemenes (1966) sowie von Horsch und Mitarbeitern (1970).

Weitere Bakteriennachweise beim Igel: *Listeria monocytogenes*

(André, 1966), Mykoplasmen (Tan, Davey und Smith, 1971), Bordetellen (Matthiesen und Kunstýř, 1974), *Mycobacterium avium* (Matthews und McDiarmid, 1977), *Enterobacter, Klebsiella,* Mikrokokken, aerobe Sporenbildner, *Staphylococcus epidermidis* und *Staphylococcus aureus* (BIV Berlin, 1980, 1981, 1983).

Ektvedt und Hansen (1974) beobachteten 1973 einen Ausbruch von Botulismus Typ C bei 4 Rindern, alle Tiere starben. Als Ursache wurde ein Igelkadaver angesehen, dessen Haut und Stachelkleid zur Untersuchung kamen. Die Reste des subkutanen Bindegewebes enthielten 2000 MM LD Toxin/g.

Wenn auch, wie man dem zuvor Mitgeteilten entnehmen kann, sehr viele Bakterienarten beim Igel nachgewiesen wurden, scheinen doch 3 bakterielle Erkrankungen im Vordergrund zu stehen: Coliinfektionen, Salmonellose und Leptospirose.

Coliinfektionen: Timme (1980) wies *Escherichia coli* an zweiter Stelle bei den durch bakterielle Erkrankungen verursachten Todesfällen nach.

Bei Smith (1968), Isenbügel (1967) und Eulenberger (1980) rangiert der Befall mit *E. coli* weiter hinten und wird gar nicht erwähnt von Poduschka, Saupe und Schütze (1979).

Unsere Erfahrungen besagen, daß unter den bakteriellen Erkrankungen Coliinfektionen an erster Stelle standen. Sowohl hinsichtlich der Diagnostik als auch hinsichtlich der Therapie stellten sie uns vor große Probleme. Wurde durch die bakteriologische Kotuntersuchung *E. coli* nachgewiesen, führten wir eine Behandlung gemäß dem Ergebnis der gleichzeitig vom BIV Berlin erarbeiteten Resistogramms durch.

Bei einem erheblichen Anteil der Tiere bestand Therapieresistenz. Bei einem geringeren Anteil der Igel war die Behandlung insofern von Erfolg gekrönt, als bei weiteren bakteriologischen Kotuntersuchungen *E. coli* nicht mehr nachgewiesen wurde. Der Allgemeinzustand bei einigen von diesen Tieren verschlechterte sich jedoch weiter. Nach Exitus bzw. Euthanasie ergab der Sektionsbefund als Todes- oder Krankheitsursache Coliseptikämie. Auch bei einigen Tieren, bei denen die bakteriologische Kotuntersuchung stets negativ verlief, wurde bei Sektionen *E. coli* in allen Organen nachgewiesen. Die vom BIV Berlin in einigen Fällen durchgeführte Typenbestimmung ergab *E. coli,* Typ Kälbercolisepsis 078: K 80 (B). Dieser Typ steht laut Wittig (1974) in der Häufigkeit fast regelmäßig an erster Stelle der pathogenen *E.-coli*-Stämme.

Salmonellose: Aus unseren Sektionsergebnissen ist ersichtlich, daß bei 10 % der untersuchten Tiere Salmonellose nachgewiesen wurde. Obwohl in den letzten Jahren eine deutliche Zunahme registriert werden konnte, liegt die Befallsquote bisher deutlich niedriger als in den mir zugänglichen Veröffentlichungen.

Timme (1980) stellte bei 49 von 410 sezierten Igeln Salmonellose als Todesursache fest. Sie betont ausdrücklich, daß es sich hierbei nicht um latente Infektionen handelte, sondern ausschließlich klinisch manifeste Formen erfaßt wurden, und zwar septikämische Allgemeininfektionen zu 65,5 % und Enteritiden zu 34,5 %.

Smith (1968) gibt eine Infektionshäufigkeit von 39,4 % an und wies *Salmonella enteritidis, S. typhimurium, S. sofia* und *S. arizonae* nach.

Andreani und Secchiari (1971) isolierten 23 Salmonellenstämme bei Igel und Fuchs. Der Igel stand hinsichtlich der Infektionshäufigkeit an erster Stelle.

Auch Isenbügel (1976), Poduschka, Saupe und Schütze (1979) und Eulenberger (1980) messen unter den bakteriellen Infektionen des Igels der Salmonellose die größte Bedeutung bei.

Therapie: Chloramphenicol in einer Dosierung von 50 mg/kg KM täglich mit dem Futter, 1 bis 2 Wochen lang (Isenbügel, 1976), oder 1 Woche lang jeweils täglich 2mal die halbe Tagesdosis (Versluys, 1975).

Chloramphenicol in Form des Amfuridons (Zusammensetzung und Dosierung siehe Kokzidien) wird wahrscheinlich noch am ehesten abgenommen. Die täglich 2malige Verabreichung ist nicht immer durchführbar. Da der Igel aber in der Regel in der Zeit von 18.00 bis 6.00 Uhr 3 Aktivitätsphasen hat und während derselben immer wieder etwas von seiner Nahrung (und dem Medikament) zu sich nimmt, wird vielleicht doch ein ausreichender Blutspiegel vorhanden sein. Bei Futterverweigerung müßte eine Applikation durch tägliche subkutane Injektionen eines Chloramphenicolpräparates versucht werden.

Leptospirose: Babudieri und Farina (1964) untersuchten in Italien 138 Igel und wiesen bei 44 von ihnen Leptospiren nach, was einem Befall von über 30 % entspricht. Sie fanden *Leptospira bratislava, L. ballum, L. icterohaemorrhagiae* und *L. saxkoebing.* Farina, Marraghini und Andreani (1964) führten in Italien bei 106 Tieren Untersuchungen durch. Bei 50 % wurde eine signifikante Agglutination festgestellt. Es wurden *L. icterohaemorrhagiae, L. pomona, L. grippotyphosa, L. sejroe, L. saxkoebing* und *L. ballum nachgewiesen.*

Wolff und Bohlander (1965) isolierten in den Niederlanden bei 125 Igeln 33mal Leptospiren, die Befallsquote betrug somit 26,4%, und zwar bei erwachsenen Tieren 37% und bei Jungtieren (unter 500 g KM) 4,6%. Sie stellten *L. bratislava* und *L. sorex jalna* fest.

Széky und Kemenes (1966) untersuchten in Ungarn 51 Igel, 28 erwachsene und 23 Jungtiere. Von den erwachsenen Tieren waren 10 (= 36%) mit Leptospirose infiziert; es wurden *L. bratislava* und *L. sejroe* nachgewiesen. Die 23 Jungtiere waren alle negativ, obwohl sie monatelang in verseuchter Umgebung gelebt hatten. Die männlichen Tiere waren häufiger als die weiblichen befallen. Die Autoren vermuten, daß die Paarung eine große Rolle bei der Übertragung der Leptospirose spielt. Sie betrachten den Igel als primäres Tierreservoir von *L. bratislava* in Ungarn.

Auch Horsch et al. (1970) betrachten den Igel als ständiges Leptospirosereservoir in der DDR. Sie untersuchten 26 Igel, von denen nur die beiden Jungtiere unter einem Jahr einen negativen Befund aufwiesen. Die 24 erwachsenen Tiere (= 92,3%) reagierten serologisch mit verschiedenen Leptospirentypen. Isoliert wurden *L. bratislava* und *L. poi*. Pathologisch-histologische Veränderungen der Nieren wurden bei 15 Tieren festgestellt.

Zum Thema Leptospirose beim Igel ist eine große Anzahl von Veröffentlichungen aus wohl ziemlich allen Ländern Europas erschienen, was durchaus begreiflich ist, wenn man an die Bedeutung der Leptospirose als Zoonose denkt und die Gefährlichkeit einiger Typen besonders für den Menschen, aber auch für unsere Haustiere berücksichtigt.

Bei unseren Patienten konnten Leptospiroseuntersuchungen nicht durchgeführt werden, da die Voraussetzungen für eine sichere Diagnosestellung beim lebenden Igel recht kompliziert sind.

Timme (1980) beobachtete bei nur 5 der 410 sezierten Igel entzündliche Veränderungen der Harnorgane.

Unsere verstorbenen oder getöteten Patienten wiesen zu 8% Veränderungen der Nieren auf. Da es sich bei ihnen aber fast ausschließlich um Jungtiere handelte, kann ein Zusammenhang mit eventuell bestehender Leptospirose kaum angenommen werden.

Virusinfektionen

Smith (1968) beobachtete bei experimentellen Infektionen eine Empfänglichkeit des Igels für Maul- und Klauenseuche, Gelbfieber, Tollwut, Newcastle disease, Geflügelpest, Zeckenenzephalitis und für menschliche Influenza.

In den meisten Fällen waren die Symptome ähnlich wie bei spontanen Erkrankungen anderer Tierarten bzw. des Menschen.

Kozuch et al. (1966) führten Versuche durch zur Übertragung des Zeckenenzephalitisvirus mit Hilfe von *Ixodes ricinus* auf Igel.

Natürliche Virusinfektionen des Igels sind bisher nur mit dem Tollwutvirus und dem Virus der Maul- und Klauenseuche beschrieben worden.

Tollwut: Der Vorgang des Selbstbespeichelns (siehe Abschnitt „Anatomische und physiologische Besonderheiten") läßt bei manchem Igelbetreuer verständlicherweise den Verdacht der Tollwuterkrankung des Pfleglings aufkommen. Der Igel scheint im Tollwutgeschehen jedoch eine außerordentlich geringe Rolle zu spielen. Dem World Survey of Rabies und dem Rabies Bulletin Europe, beide von der WHO herausgegeben, ist zu entnehmen, daß sich unter den in den Jahren 1976 bis 1982 registrierten rund 128000 Fällen von Tiertollwut in Europa nur 4 Igel befanden.

In der DDR wurden von 1969 bis 1986 299937 Tiere, davon 1293 Igel (etwa 72 jährlich), auf Tollwut untersucht. Während dieser 18 Jahre wurde 2mal Tollwut beim Igel festgestellt. Wie Fink (1983) mir mitteilte, ist es möglich, daß bei Untersuchungen mit dem direkten Immunfluoreszenztest (DIFT) Reaktionen auftraten, die mit fluoreszierenden Tollwutaggregaten verwechselt werden können.

In der DDR werden alle Tierarten, die selten an Tollwut erkranken und im DIFT positiv sind, mit dem Mäuseversuch überprüft. Von 4 Igeln, die im DIFT positiv waren, konnten nur 2 im Tierversuch bestätigt werden.

Das hier angeführte Zahlenmaterial wurde mir von der Zentralstelle für Tollwutepizootiologie und Wildhygiene der DDR zur Verfügung gestellt, wofür ich mich an dieser Stelle herzlich bedanken möchte.

Förster et al. (1977) führten Untersuchungen zum Nachweis von Tollwutvirus bei Nagern und Insektivoren durch. Es wurden 1048 Tiere aus 3 verschiedenen Gebieten der BRD und der ČSSR untersucht, und zwar aus einem seit 3 Jahren tollwutfreien Gebiet, einem akut mit Tollwut verseuchten und einem seit Jahren mit Tollwut verseuchten Gebiet. Unter den 1048 untersuchten Tieren befanden sich 18 Igel, die ebenfalls, wie alle anderen Tiere, tollwutfrei waren. Leider stammten die 18 Igel allerdings aus dem seit 3 Jahren tollwutfreien Gebiet.

Steck et al. (1980) untersuchten in der Schweiz von 1967 bis 1978 42 481 Haus- und Wildtiere auf Tollwut: 87 % Wildcarnivoren, 6 % Rehe, 6 % Haustiere.

140 untersuchte Igel waren alle tollwutnegativ.

Timme (1980) konnte bei 18 zum Zwecke der Tollwutuntersuchung getöteten Igeln in keinem Fall Tollwut nachweisen.

Maul- und Klauenseuche: Smith (1968) beobachtete eine natürliche Infektion mit Maul- und Klauenseuche. Es lagen typische vesikuläre Läsionen im Bereich der haarlosen Haut der Füße, im Bereich der Zunge, des Schnäuzchens und der Lippenränder vor.

Wolf (1939) infizierte 5 Igel mit Rinderlymphe Typ A; 4 davon wurden mit je einem Kontrolltier in Boxen gehalten. Von den 5 infizierten Tieren erkrankten 2: ein Tier unter Generalisationserscheinungen, es wurde 8 Tage post infectionem getötet; das 2. Tier zeigte ausschließlich eine Primäraphte und war am 9. Tag nach der Infektion geheilt. Der Autor schlußfolgerte, daß Igel durch Kontakt nicht erkranken können. Diese Annahme ist vielleicht doch etwas anzuzweifeln, denn der Organismus stark verletzter oder geschwächter Tiere könnte eventuell doch anders auf natürliche Infektionen reagieren.

Organkrankheiten

Hautkrankheiten

Wunden: Meist handelt es sich um Schnitt-, Biß- oder Stichwunden, häufig auch um Verbrennungen. Mitunter gibt es auch andere Ursachen. So berichtete mir Sedletzky (1981) von einer nichtheilenden Wunde im Halsbereich. Erst nach gründlicher Reinigung und Untersuchung derselben entdeckte sie als Ursache einen um den Hals des Tieres gestreiften Gummi. Nach Entfernung dieses Fremdkörpers kam es zur schnellen Abheilung.

Therapie: Die Behandlung von Wunden gestaltet sich nach den im Abschnitt „Die örtliche Behandlung" genannten Gesichtspunkten.

Bei einigen Verletzungen wird sich eine zusätzliche allgemeine Antibiotikabehandlung empfehlen. Orale oder parenterale Vitamin-A-Applikationen unterstützen den Heilungsprozeß. Die Heiltendenz ist nach unseren Erfahrungen gut; trotzdem ist der Betreuer darauf hinzuweisen, daß der Patient erst nach vollkommener Wundheilung wieder ausgesetzt werden darf, da ansonsten die Gefahr der Besiedlung der Wunden mit Fliegenmaden besteht.

Die Stacheln im Bereich des Narbengewebes wachsen nur langsam und spärlich nach, und die Frage der verminderten Wehrhaftigkeit gegen natürliche Feinde stellt sich.

Ekzeme: Sie wurden von uns bisher ausschließlich am Kopf, und zwar meistens auf dem Nasenrücken, seltener im Bereich des Unterkiefers gesehen und nur bei Tieren beobachtet, die bereits längere Zeit in menschlicher Pflege waren.

Vorwiegend handelt es sich um trockene Hautveränderungen mit Schuppen- und Borkenbildung.

Unterschiedlich starker Juckreiz wird beobachtet, kann jedoch auch völlig fehlen.

Die Ursachen sind meist nicht feststellbar. Es kommen örtliche Infektionen (Bakterien, Pilze), Läsionen mit Sekundärinfektionen (Bakterien, Pilze), seltener Läsionen durch Ektoparasiten und sicher auch Stoffwechselstörungen aller Art in Betracht.

Therapie: Gute Resultate wurden bei der Anwendung von oxytetracyclin-, chloramphenicol- und nitrofuranhaltigen Salben oder Suspensionen erzielt. Das benutzte Medikament sollte möglichst dünnflüssig sein und sich aufträufeln lassen, da das Auftragen einer Salbe beim Igel, zumindest im Kopfbereich, meist auf große Schwierigkeiten stößt.

Bei Behandlungsresistenz ist ein Hautgeschabsel (siehe dort) zu entnehmen und nach anzufertigendem Antibiogramm zu behandeln.

Stachelverlust: Bei einem Teil der vorgestellten Patienten handelt es sich um den physiologischen Stachelwechsel, der sich im allgemeinen während der Pflegeperiode der Jungigel vollzieht (siehe Abschnitt „Das Stachelkleid").

Aber auch Vitaminmangel, hormonale Störungen, Haltungs- und Ernährungsfehler, z. B. ein zu reichliches Angebot von rohem Hühnereiweiß (Biotinmangel) oder ein Mangel an essentiellen Fettsäuren, sowie ungenügende UV-Bestrahlung spielen beim Stachelausfall eine Rolle. Insbesondere Biotinmangel und der Mangel an essentiel-

len Fettsäuren können zu Hautentzündungen und Haar- und Stachelverlust führen.
Therapie: Vitamininjektionen, Vitamin-B-Komplex pro inj. 0,3 bis
0,5 ml s. k., Ursovit A, C, D_3, E, wäßrig, 0,05 bis 0,1 ml s. k.; Vitadral
liquidum und Summavit-Tropfen täglich oder jeden 2. Tag 1 Tropfen
mit dem Futter. Bei Summavit kommt es unter Umständen zur Nahrungsverweigerung, dann sofort absetzten. UV-Bestrahlung in Form
von Höhensonne (siehe Abschnitt „Ultraviolettbestrahlung") oder
als direkte Sonnenbestrahlung. Zur Substitution des Mangels an essentiellen Fettsäuren eignet sich Sonnenblumenöl, von dem täglich
einige Tropfen bis $1/4$ Teelöffel dem Futter zugesetzt werden.

Krallen: Sie müssen bei den meisten für längere Zeit in häuslicher
Pflege befindlichen Tieren ab und zu gekürzt werden (Abb. 25). Zu
beachten ist, daß an den Hinterbeinen die 2. Kralle von innen einige
mm länger sein muß als die übrigen Krallen. Auch eine angebrochene
oder abgebrochene Kralle kann die Ursache zur Vorstellung des
Pfleglings sein.

Abb. 25. Krallenkürzen.

Parasitär bedingte Hauterkrankungen: siehe Ektoparasiten.

Dermatomykosen: siehe Mykosen.

Augenkrankheiten

Unter den möglichen Erkrankungen der Augen rangieren vordergründig solche, die die Adnexen und die Hornhaut betreffen.

Liderkrankungen resultieren aus Verletzungen, örtlichen Infektionen mit Bakterien und Pilzen, aus dem vorzugsweisen Sitz von Zekken und Flöhen an dieser weichen Haut. Sie sind nach den im Abschnitt „Hautkrankheiten" beschriebenen Grundsätzen zu behandeln, mit der Maßgabe, besonders sorgfältig im Hinblick auf die Schädigung der benachbart liegenden Hornhaut zu verfahren.

Bindehauterkrankungen resultieren zumeist aus Sekundärinfektionen, die bei gestörtem Allgemeinzustand aufflammen. Die örtliche Behandlung erstreckt sich auf die Anwendung von Breitbandantibiotika in ophthalmischen Zubereitungen (Oculenta, Oculoguttae). Um einen gleichmäßigen Antibiotikumspiegel zu erzielen, muß die Applikation regelmäßig in 4stündlichen Intervallen über mindestens 3 Tage erfolgen.

Hornhauterkrankungen resultieren aus Verletzungen, Verbrennungen, Verätzungen oder sind Ausdruck eines Mangelzustandes, insbesondere an Vitamin A (Xerophthalmie). Fast immer dominiert das klinische Bild einer mehr oder weniger ausgeprägten Trübung der Hornhaut mit oder ohne Zusammenhangstrennungen, Ulzera, Vorwölbungen.
Auch hier rangiert die antibiotische Lokaltherapie an erster Stelle. Bei Verwendung von Oculenta wird zudem die Geschmeidigkeit der Hornhautoberfläche erhöht.
Bei Xerophthalmie ist die Vitamin-A-Substitution durchzuführen. Dosierung: 5000 I.E. Vitamin A s. k.
Poduschka (1979) berichtet über Xerophthalmie bei einem Igel. Als Ursache sieht er Fehlernährung und ständige, damit zusammenhängende Durchfälle während der Wachstumsperiode an. Eine Behandlung in Form einer parenteralen Applikation von 5000 I.E. Vitamin A und der lokalen Anwendung von Vitamin A, Neomycin und Glukokortikoiden führte innerhalb einer Woche zur vollständigen Heilung.

Der **Augapfelvorfall** (Prolapsus bulbi) kann die Folge traumatischer Insulte sein. Feuchtkalte Kompressen mit erlaubtem digitalem Druck auf den Augapfel können zur Stillung möglicher retrobulbärer Blutungen beitragen. Wenig später einsetzende feuchtwarme Kompressen tragen zur Resorption der Blutung bei. Ist das augenversorgende Hauptgefäß unterbrochen, ist mit einer Wiederherstellung des Sehvermögens und Rückverlagerung des Augapfels nicht zu rechnen. In diesem Fall kann die örtliche Antibiotikumzufuhr Sekundärinfektionen verhindern. Im übrigen sollte man das Eintrocknen des Augapfels abwarten. In besonderen Fällen kann auch die Bulbusexstirpation unter Narkose durchgeführt werden.

Im April 1981 wurde mir ein männlicher Igel mit folgendem Vorbericht vorgestellt: Das Tier wurde im Mai 1980 mit Verletzungen und aus der linken Augenhöhle heraushängendem Augapfel im Garten gefunden. Es wurde ins Haus genommen und nach Abheilen der Wunden und Abfallen des vertrockneten Augapfels wieder in den Garten ausgesetzt, wo es wiederholt beobachtet wurde. Anfang April 1981, nach dem Winterschlaf, wurde der Igel wieder gesehen. Dem Gartenbesitzer fiel auf, daß jetzt das ihm verbliebene rechte Auge weiß war. Das anscheinend blinde Tier wurde ins Haus genommen und fand sich in kurzer Zeit (wieder?) zurecht. Als der Patient uns gebracht wurde, zeigte sich folgendes Bild: guter Allgemein- und Ernährungszustand, 1200 g KM. Das Tier war sehr zahm, es rollte sich nicht ein, und die Stacheln blieben während der Untersuchung am ganzen Körper angelegt. Die Augenlider der linken Augenhöhle waren miteinander verwachsen. Die Hornhaut des rechten Auges erschien milchig-trüb, leicht bläulich und war fluorescein-negativ, die Augenoberfläche glatt und glänzend. Ein Therapieversuch mit Vitamin-A-Injektionen, Vitamin A lokal und oral und Terramycin-Augensalbe war erfolglos. Da die betreuende Familie sich nicht von ihrem Pflegling trennen wollte, wurde ein mit Unterschlupfmöglichkeiten versehenes Stück des Gartens umzäunt, in dem er sich bei Zufütterung bis zu seinem Tode aufhielt.

Lienhardt (1979) gibt eine einseitige und doppelseitige Hornhauttrübung sowie einen Fall von völliger Blindheit an. Sie schreibt: „Ein vollständig erblindetes Weibchen von 510 g KM wurde offenbar erst hilflos, als durch Schnupfen der Geruchssinn versagte. Es wurde am hellen Tag auf der Straße nach Futter suchend aufgefunden."

Krankheiten des Respirationsapparates

Die Krankheiten des Respirationsapparates äußern sich in dem Symptomenkomplex: Husten, Niesen, Nasenausfluß und Atembeschwerden.

Pneumonie: wird in erster Linie durch Endoparasitenbefall bedingt. Bereits in den Abschnitten „*Crenosoma striatum*" und „*Capillaria aerophila*" wurde ausführlich dazu Stellung genommen.
Jedoch auch bei Wurmfreiheit spielt die Pneumonie eine erhebliche Rolle. So ist der Arbeit von Timme (1980) zu entnehmen, daß Pneumonien an erster Stelle der durch Organkrankheiten verursachten Todesfälle stehen, und zwar mit 36 %. Sie stellte überwiegend katarrhalisch-eitrige Bronchopneumonien, nicht selten mit Abszeßbildung, Atelektasen und Fibrosen fest.
Häufig weist das Lungenparenchym nach vorangegangenem Lungenwurmbefall irreversible Schäden auf. Atembeschwerden und Husten können deshalb bei manchem Tier nie ganz beseitigt werden. Da das geschädigte Lungengewebe besonders anfällig auf bakterielle Infektionen reagiert, sollte bei häufigem Husten, besonders wenn das Allgemeinbefinden gestört ist, immer an eine Pneumonie gedacht werden.
Therapie: Breitbandantibiotika (Oxytetracyclin, Chloramphenicol), tägliche s. k. Injektionen von 30 mg/kg KM, dazu Prednisolon 4 mg/kg KM oder eine orale Applikation von Breitbandantibiotika täglich 50 mg/kg KM. Hier sollte die Verabreichung von in der Kinderheilkunde gebräuchlichen Suspensionen versucht werden (wegen der Geschmackskorrigentien).

Krankheiten des Verdauungstraktes

Die Krankheiten des Verdauungstraktes werden unterteilt in:

Krankheiten der Mundhöhle: Hier rangieren entzündliche Veränderungen des Zahnfleisches (Gingivitis) an erster Stelle. Sie resultieren aus abnormer Zahnsteinablagerung, Infektionen und vereinzelt auch aus Verletzungen durch Fremdkörper. Das klinische Bild äußert sich in einer Gingivitis, meist hochgradiger Zahnsteinbildung, Foetor ex ore, Inappetenz bis vollkommener Nahrungsverweigerung und Reduzierung der Körpermasse.

Zuhrt (1958) untersuchte eine große Anzahl Schädel gestorbener Igel und hält bei einigen in Gefangenschaft gehaltenen Tieren eine hochgradige Zahnsteinbildung für die wahrscheinliche Todesursache. Er stellt fest, daß der Igel ein sehr kautüchtiges Tier ist, das die harten Panzer der Käfer oder die Knochen kleiner Beutetiere genügend zerkleinern muß, um sie für den Magen-Darm-Kanal passierbar zu machen. Durch die zugleich reinigende Wirkung wird die Bildung von Zahnstein stark herabgesetzt. In der Gefangenschaft gehaltene Tiere werden häufig unzweckmäßig gefüttert, was eine übermäßige Zahnsteinbildung und Gingivitis zur Folge haben kann.

Der Prophylaxe kommt deshalb eine große Bedeutung zu. Sie besteht in der Verabreichung von hartem Futter, z. B. in Form von Pellets, und im regelmäßigen Anbieten von Knochen aller Art zum Abknabbern; bevorzugt werden meist Flügel und Hälse von Hühnern.

Therapie: Sie ist zwar wenig erfolgversprechend, sollte bei leichten Veränderungen und geringen Beschwerden jedoch versucht werden. Parenterale oder orale Antibiotika-Applikationen (siehe „Krankheiten des Respirationsapparates"), mehrmalige Vitamininjektionen (siehe „Hautkrankheiten, Stachelverlust") und wiederholte Applikationen von Ascorbinsäure (Vitamin C) 25 mg/kg KM s. k. oder oral.

Fremdkörper in der Mundhöhle kommen vereinzelt vor (Fischgräten). Nur bei sehr zahmen Tieren gelingt die Entfernung (eventuell mit einer Arterienklemme) ohne Vollnarkose.

Lockere Zähne ließen sich im allgemeinen ohne größere Mühe extrahieren.

Krankheiten des Darmes: Hier spielt die Schleimhautentzündung (Enteritis) eine besondere Rolle.

Das klinische Bild äußert sich in Durchfällen. Der beim gesunden Igel geformte Kot kann breiig bis wäßrig, manchmal auch schaumig sein. Beimischungen von Schleim oder Blut können beobachtet werden. Die Umgebung des Afters ist meist verschmiert. Der Allgemeinzustand des Tieres kann gering bis schwer gestört sein. In einem Fall wurde ein Enddarmprolaps beobachtet.

Eine Enteritis kann durch viele Ursachen hervorgerufen werden. Endoparasiten, Bakterien und fehlerhafte Ernährung (in erster Linie unverdünnte Kuhmilch) gehören zu den wichtigsten. Timme (1980) stellte bei über 10% der von ihr sezierten 410 Igel eine Erkrankung des Digestionstraktes fest, und zwar bei 23 Tieren unspezifische Enteritiden, bei denen Bakterien und Parasiten als Ursache ausgeschlossen werden konnten. Es handelt sich ihrer Meinung nach überwiegend um durch Fütterungsfehler hervorgerufene Darmentzündungen.

Therapie: Carbo medicinalis, täglich 100 bis 150 mg oder Ventrasan (Zusammensetzung: Cortex Quercus 97,7, Konservans, Trägerstoff ad 100,0) täglich $1/4$ bis $1/2$ Teelöffel voll über das Futter. Wird in 2 bis 3 Tagen keine deutliche Besserung gesehen, dann Amfuridon (siehe Kokzidien). Bei Exsikkose muß Flüssigkeitssubstitution durchgeführt werden (5 bis 10 ml s. k.). Bei hämorrhagischen Enteritiden orale oder s. k. Applikation von 0,2 bis 0,3 ml Vitamin K_3 (Gehalt je ml: Menadionnatriumbisulfit 0,01 g). Diät: gekochter Reis, gekochte Teigwaren, mageres rohes Fleisch, gekochte Möhren, Banane, überbrühter Zwieback, Kamillentee oder dünner schwarzer Tee.

Krankheiten der Leber: Denkbar sind Entzündungen oder degenerative Veränderungen, die aus Infektionen oder Intoxikationen abzuleiten sind. Das Untersuchungsmaterial brachte bislang hierfür keine besonderen Hinweise. Timme (1980) beobachtete im Sektionsgut Leberdegeneration bei 10 Tieren und 9 sogenannte „Mastigel". Im Vordergrund stand bei beiden Gruppen eine ausgeprägte, diffuse degenerative Leberzellverfettung, in Einzelfällen mit Spontanruptur.

Krankheiten des Harn- und Geschlechtsapparates

An erster Stelle steht hier die Nephritis.

Nephritis: Nierenerkrankungen scheinen beim Igel recht häufig vorzukommen. Sieht man von den häufigen Nierenveränderungen bei erwachsenen Tieren ab, die wahrscheinlich doch manchmal im Zusammenhang mit dem Leptospirenbefall zu betrachten sind, verbleibt noch eine erhebliche Anzahl durch Sektionen festgestellte Nierenveränderungen bei Jungtieren. Sie wurden bei 8 % unserer gestorbenen oder euthanasierten, fast ausnahmslos jüngeren (unter 9 Monate) Patienten nachgewiesen. 15 von 26 zum Zwecke der Leptospirosenuntersuchung euthanasierten Tieren wiesen Veränderungen der Nieren in Form von Vergrößerungen und unterschiedlich großen grauen oder weißen Flecken und Herden auf (Horsch und Mitarbeiter, 1970).
Timme (1980) stellte in ihrem Sektionsmaterial allerdings nur 4mal eine Nephritis fest.
Lienhardt (1979) führte als Sektionsbefunde Aplasie einer Niere bei einem erwachsenen weiblichen Tier und eine Nephrose (im Zusam-

menhang mit Salmonellose und eitriger Hepatitis) bei einem Igelsäugling an.

Zum klinischen Bild läßt sich wenig sagen. Deutlich auf eine akute
Nephritis hinweisende Symptome konnten wir bei keinem unserer
Patienten feststellen. Es liegt der Verdacht nahe, daß es sich meist um
einen schleichenden Krankheitsverlauf handelt.

Therapie: Versucht werden können Applikationen von Antibiotika,
die über die Niere ausgeschieden werden, z. B. Chloramphenicol
(siehe Pneumonie) oder Penicillin 50000 I.E./g KM, Nitrofuranderi-
vate (siehe Amfuridon, Kokzidien), Prednisolon 4 mg/kg KM und
hohe Dosen von Vitamin-B-Komplex.

Zystitis: Blasenerkrankungen werden selten diagnostiziert. Timme
(1980) berichtet über einen Fall von Zystitis in ihrem Sektionsmaterial. Das klinische Bild äußert sich in häufigem Absatz von kleinen
Mengen Urin (ein gesunder Igel setzt – in Gefangenschaft – 1- bis
3mal innerhalb von 24 Stunden Urin ab). Der Urin kann farblich ver-
ändert bis hämorrhagisch sein. Der Allgemeinzustand des erkrankten Tieres ist meist nur geringgradig gestört.

Therapie: Antibiotika (siehe Nephritis), eventuell Ascorbinsäure
(Vitamin C) 25 mg/kg KM und Vitamin K_3 (siehe Enteritis).

Urolithiasis: Bonath (1969) diagnostizierte Urolithiasis bei einem 15
Monate alten, künstlich aufgezogenen Igel, der in einem Garten-
grundstück lebte.

Therapie: Bonath (1969) führte folgende Behandlung unter Halothannarkose durch: Punktion der Blase, Katheterisieren mit einer ge-
bogenen feinsten Tränennasengangkanüle (der Blasengrieß war von
feinsandkörniger Beschaffenheit), anschließend intravesikuläre und
intraabdominale Applikation von je 2 ml Terramycin-Suspension und
intraabdominale Applikation von 5 ml isotonischer Natriumchloridlösung; s. k. wurden 50000 I.E. eines Penicillin-Streptomycin-Präpa-
rates und 8 ml isotonischer Natriumchloridlösung injiziert. 15 Monate nach der Operation war das Allgemeinbefinden des Tieres
ungestört. Eine Unverträglichkeit gegenüber den angewandten Medikamenten konnte nicht beobachtet werden.

Unter den Entzündungen des weiblichen Geschlechtsapparates wird
die **Pyometra** ab und zu beobachtet. Sie wurde einmal bei uns klinisch diagnostiziert bei einem am hellen Tage im November auf einer
Berliner Hauptverkehrsstraße gefundenen Tier.

Das klinische Bild war geprägt von einer starken Störung des Allgemeinzustandes. Der Ernährungszustand war schlecht, und es lag eine Exsikkose vor. Bei der Betrachtung des Genitalbereiches wurde eine, geringe Menge eines gelblich-dickflüssigen Sekrets festgestellt. Die klinische Diagnose wurde durch Sektion bestätigt. Timme (1980) stellte die Diagnose Pyometra 1mal bei den 410 von ihr sezierten Tieren. Beide Uterushörner waren mit schokoladenfarbenem Eiter gefüllt, das Tier war in schlechtem Ernährungszustand.

Mangelkrankheiten

Da über die normale Ernährung eines Igels nur selten ausreichende Grundkenntnisse bestehen, kann es durch Fehler in der Ernährung und Haltung unter Umständen zu hochgradigen Mangelerscheinungen kommen. An erster Stelle stehen hierbei die Hypovitaminosen.

A-Hypovitaminose führt zu Epithelschädigungen insbesondere der Hornhaut. Poduschka (1979) beschreibt einen Fall von Xerophthalmie bei einem Jungigel, bedingt durch hochgradigen Vitamin-A-Mangel. Das Tier erhielt während einer Phase der Wachstumsperiode ausschließlich vegetarische Kost (siehe Abschnitt „Augenkrankheiten"). Vitamin-A-Mangel kann auch zur Unterentwicklung der Fortpflanzungsorgane und somit zur Störung in der Fortpflanzung sowie zu Hautkrankheiten und Stachelausfall führen.

B-Hypovitaminose kann u. a. zu zentralnervösen Störungen, Lähmungen, Krämpfen und Angstzuständen führen.
Bei einer Familie, die seit Oktober/November 1979 5 Jungigel in Pflege hatte, kam es im Februar 1980 innerhalb von 4 Tagen bei allen 5 Tieren zu schweren zentralnervösen Störungen. Ein Tier starb und wurde im Garten begraben, ein zweites Tier starb unter Krämpfen und Schreien vor der Behandlung und wurde zur Sektion geschickt. Die anderen 3 Tiere zeigten unterschiedlich starke Unruheerscheinungen und lagen auf der Seite.
Therapie: Nach einer s. k. Injektion von 50 mg Vitamin B_1, 50 μg Vitamin B_{12}, 0,5 ml Vitamin-B-Komplex pro inj. und 0,5 ml Ursovit A, C, D_3, E, wäßrig, kam es noch am selben Tag zu einer schlagartigen Besserung des Allgemeinbefindens. Die 3 überlebenden Tiere, die alle hochgradig untergewichtig waren, wurden sofort einer Wurmkur mit Mebendazol (Vermox, siehe *Crenosoma striatum*) unterzogen. Sie erhielten UV-Bestrahlungen und tägliche Vitamin- und Mineralstoff-

gaben über das Futter. Wogen sie am 18. 2. 1980 noch 130 g, 190 g und 500 g, waren es am 28. 3. 1980 bereits 650 g, 800 g und 1050 g. Anfang Mai konnten die Tiere in bestem Ernährungs- und Allgemeinzustand in Freiheit gesetzt werden. Bei der Obduktion des gestorbenen Tieres wurden eine Bronchopneumonie, eine Coliseptikämie, Lungenwurmbefall und *Capillaria*-Befall festgestellt.

C-Hypovitaminose: Bei den Zahnfleischerkrankungen zogen wir zunächst einen Vitamin-C-Mangel in Betracht. Hierbei, aber auch bei Inappetenz sowie bei hämorrhagischen Enteritiden und Zystitiden verabreichen wir Vitamin C (Ascorbinsäure). Es kann oral oder s. k. in einer Dosierung von 25 bis 50 mg/kg KM appliziert werden.

D-Hypovitaminose führt zu Störungen der Calciumeinlagerung in den Knochen und löst in Kombination mit Mineralstoffmangel Rachitis bzw. Osteomalazie aus (siehe Mineralstoffmangel). Vitamin D wird aus Vorstufen durch UV-Bestrahlung aufgebaut.

Mineralstoffmangel: Von großer Bedeutung ist auch die ausreichende Versorgung des z. Z. der Pflegeperiode meist noch im Wachstum begriffenen Igels mit Mineralstoffen.
Vitamin-D-Mangel und ein schlechtes Calcium/Phosphor-Verhältnis können zu rachitischen Erscheinungen führen.
Timme (1980) führt in ihrer Sektionsstatistik 2 Fälle von vermutlich ernährungsbedingten Stoffwechselstörungen am Skelettsystem an. Sie äußerten sich in extrem schneidbare Knochen, Auftreibungen der Gelenke, Knochenverbiegungen und waren begleitet von Enteritis und Abmagerung.
Seffner (1981) beschreibt einen Fall von Osteomalazie als Folge einer einseitigen, calciumarmen und phosphorreichen Fütterung. Die langen Röhrenknochen und das Becken waren weich und sehr leicht biegsam. Die mikroskopische Untersuchung von Femur und Tibia ergab eine hochgradige Osteomalazie. Nur im inneren Teil der Knochenbälkchen fand sich Mineralisation, während der größte Teil der Bälkchen nur aus Osteoid bestand.
Ein mir wegen Laufbeschwerden vorgestellter Patient bewegte sich nur robbend vorwärts, die Hinterbeine nach hinten, die Vorderextremitäten zur Seite gestreckt. Dem Tier war weder das rezeptierte Vitaminpräparat noch das verschriebene Mineralstoffgemisch verabreicht worden. Sektionsergebnis: Rachitis, Rippen wie Papier, extrem biegsame Knochen.

Mangel an essentiellen Fettsäuren: Vor allem beim wachsenden Tier kann ein Mangel an essentiellen Fettsäuren zu Erkrankungen der Haut (siehe dort) und zu Veränderungen an den Fortpflanzungsorganen führen.

Lähmungen: Besonders in den Monaten Februar und März werden uns Tiere mit Lähmungssymptomen vorgestellt. Das klinische Bild variiert vom unsicheren, unkoordinierten Gang über das Einknicken und in einigen schweren Fällen sogar bis zum Nachschleppen der Hinterbeine. Die Ursachen scheinen komplexer Natur zu sein und auf Fehler in der Aufzucht zu beruhen. Meist wurden die vorgestellten Tiere vitamin- und mineralstoffarm ernährt, manchmal in fensterlosen Räumen, oft auch in sehr kleinen Behältnissen ohne oder mit zu wenig Auslauf gehalten.

Therapie: Injektion von Ursovit A, C, D_3, E, wäßrig, 0,1 ml s. k., 4 bis 6 s. k. Injektionen von 25 mg Vitamin B_1, 30 μg Vitamin B_{12} und 0,3 bis 0,6 ml Vitamin-B-Komplex pro inj. in etwa 3tägigem Abstand. Bei der Injektion der B-Vitamine ist das vorherige Applizieren eines Lokalanästhetikums angebracht (siehe subkutane Injektion). Zusätzlich zur medikamentellen Behandlung ist eine Bestrahlung mit ultraviolettem Licht durchzuführen (siehe dort). Tägliche Mineralstoff- und Vitamingaben sind über das Futter zu verabreichen.

Alle Patienten mit Lähmungen konnten durch diese Behandlungsmethode geheilt werden.

Eine besondere Form von Lähmungen, die wir bisher nicht beobachten konnten und die sicher kaum zu den Mangelkrankheiten gehört, soll an dieser Stelle trotzdem mit abgehandelt werden. Isenbügel (1976), Lienhardt (1979) und Poduschka, Saupe und Schütze (1979) beschrieben sehr therapieresistente Lähmungen bei in Freiheit lebenden Tieren. Isenbügel (1976) berichtet, daß die Igel mühsam laufen, die Hinterextremitäten einknicken oder nachgeschleppt werden und es zum Festliegen kommt. 21 Tiere wurden neuropathologisch von Scheidegger untersucht. Der Befund war folgender: Die Muskulatur der Extremitäten zeigte umschriebene Entzündungen und Faserdegeneration, die Querstreifung war teilweise verlorengegangen, die Fasern waren verbreitert, häufig kernlos und fragmentiert. Degeneration der Nervenendplatten in der Muskulatur. Die häufige Fettdurchwachsung der atrophischen Extremitätenmuskulatur wird von Scheidegger (1974) als Vakatwucherung gedeutet. Die peripheren Nerven zeigen keine Entzündungen, hingegen Degeneration mit Entmarkung. Als Ursache werden entzündliche Virusinfektionen,

für die im übrigen im Sektions- und Histologiebild keine Anhalts-
punkte vorliegen, oder eine Intoxikation angenommen.
Die enzymhistochemischen Untersuchungen durch Meier-Ruge
(1974) ergaben eine reduzierte Enzymaktivität (Acetylcholineste-
rase) der motorischen Endplatten, wobei keine Zeichen progressiver
Muskelschädigung durch primär myodegenerative oder neurodege-
nerative Veränderungen sichtbar waren. Die Genese der neuronalen
Schädigung kann nicht ermittelt werden.
Nur etwa 20 % der Tiere konnten durch eine Behandlung mit 2 bis 3
Injektionen von 0,7 ml Vitamin-B-Komplex, 0,5 ml ADE, Tono-
phosphan 0,5 ml/kg KM und Sonnen- oder UV-Bestrahlung geheilt
werden (Isenbügel, 1976).

Allgemeine Schwäche

Der Ausdruck „allgemeine Schwäche" soll hier als Symptom verstan-
den werden und als Sammelbegriff für das Ergebnis einer Vielfalt von
Faktoren stehen, die den Organismus unseres Patienten schädigen
und seine Widerstandskraft herabsetzen. Jeder einzelne Faktor kann
unter bestimmten Umständen zur Erkrankung und zum Tode des Tieres führen. Hier sollen nur die wichtigsten genannt werden.
Endoparasiten-, Ektoparasitenbefall und Unterernährung sind bei
fast allen neugefundenen Pfleglingen vorhanden. Werden solche
Tiere umgehend einem Tierarzt vorgestellt, entwurmt und behandelt
und die Betreuer über die wichtigsten Voraussetzungen zur Aufzucht
eines Igels informiert, gibt es nur selten Komplikationen. Leider ist
das jedoch nicht immer der Fall, so daß bei einem Teil der Tiere jetzt
als weitere Faktoren noch grundlegende Fehler in Ernährung, Unterkunft und Pflege dazukommen. Nach einigen Wochen werden sie
dann hochgradig geschwächt in die tierärztliche Sprechstunde gebracht. Das klinische Bild wird geprägt durch einen schlechten bis
sehr schlechten Ernährungs- und Allgemeinzustand, Exsikkose,
Nahrungs- und sogar Flüssigkeitsverweigerung; das Tier ist apa-
thisch, unter Umständen unterkühlt. Das Igelgesicht zeigt die für
Krankheit typische graue, trockene Nase und eingefallene Augen.
Dazu kommen meist noch spezifische Symptome, wie starker Husten, Durchfall, Anämie.
Schon der Vorbericht kann einen Teil der Krankheitsursachen klären.
Man sollte sich deshalb eingehend nach Ernährung, Art der Unter-
bringung, Auslaufmöglichkeit und Raumtemperatur erkundigen.

Umgehend durchzuführende parasitologische und eventuell auch bakteriologische Kotuntersuchungen tragen zur weiteren Klärung bei.

Therapie: In den Abschnitten Endoparasiten, Ektoparasiten, Krankheiten des Respirationsapparates und Krankheiten des Verdauungstraktes werden die Symptome Husten, Durchfall, Anämie besprochen und Therapievorschläge unterbreitet. Zusätzlich erhielten die geschwächten Tiere täglich s. k. Injektionen von Dextrofusal (Zusammensetzung: Glucosum 16,0, Aethanolum 2,0, Aqua ad inject. ad 100 ml), je nach Körpermasse 4 bis 8 ml, 2- bis 3mal wöchentlich Vitamin-B-Komplex pro inj. 0,3 bis 0,6 ml, Vitamin B_1 25 bis 50 mg, Vitamin B_{12} 30 bis 50 μg und Vitamin C (Ascorbinsäure) 25 bis 50 mg, 1mal wöchentlich 0,1 ml Ursovit A, C, D_3, E, wäßrig. Alles ist s. k. zu injizieren; bei den B-Vitaminen ist das vorherige Applizieren eines Lokalanästhetikums angebracht.

Einigen Tieren, die wohl noch Flüssigkeit zu sich nahmen, ließen wir täglich Dextrofusal anbieten. Ein Igel trank, zunächst mit der Spritze verabreicht, später selbständig aus einem Schüsselchen, eine Woche lang Dextrofusal und begann dann allmählich, wieder festere Nahrung zu sich zu nehmen.

Es empfiehlt sich, zunächst dünnflüssiges Futter zu reichen, z. B. Grießsuppe mit etwas Eigelb und zerquetschter Banane und, wenn kein Durchfall vorliegt, mit geringem Milch- oder Kaffeesahnezusatz oder eine Reismehlsuppe mit Bienenhonig und gehacktem magerem Fleisch.

Auch die richtige Umgebungstemperatur ist zu berücksichtigen. Igel brauchen einen warmen, trockenen und zugfreien Aufenthaltsraum. Die gewünschte Temperatur beträgt 18 bis 20 °C. Besonders wichtig scheint die Temperatur am Boden zu sein, sie sollte mindestens 16 °C betragen.

Wiederholt berichteten Betreuer, daß, wenn der Aufenthaltsraum einmal erheblich kühler war als in anderen Nächten, das Tier wenig oder gar nicht fraß.

Stark geschwächten oder kranken Tieren tut eine zusätzliche Wärmequelle in Form einer umwickelten Gummiwärmflasche oder einer Rotlichtlampe gut.

Zoonosen beim Igel

Da der Igel an einer Anzahl von Zoonosen erkranken kann, sollten die hygienischen Regeln, wie sie auch beim Umgang mit den kleinen und großen Haustieren selbstverständlich sind, eingehalten werden. Die Ansteckung erfolgt beim Igel entweder durch Artgenossen oder durch andere Tiere bzw. deren Ausscheidungsprodukte. Auch eine Ansteckung des Igels durch den Menschen ist natürlich möglich.

Bei den Ektoparasiten könnte der Mensch durch den Igelfloh belästigt werden, der auch beim Menschen saugt, wenn der ihm mehr zusagende Igel nicht zur Verfügung steht.

Einige Zeckenarten, die beim Igel nachgewiesen wurden (Smith, 1968), übertragen Rickettsien (*Coxiella burneti* = Q-Fieber) und Leptospiren (Isenbügel, 1976).

Beim Igel vorkommende *Trichophyton*-Arten, und zwar *Trichophyton mentagrophytes* und *Trichophyton schoenleinii,* sind für den Menschen pathogen. *T. schoenleinii* ist der Erreger des Favus (Erbgrind). Von den bakteriellen Erkrankungen des Igels besitzen eine Bedeutung die Salmonellose und die Leptospirose. Wurden bei unseren Patienten zwar nur vereinzelt Salmonellen nachgewiesen, so gibt Smith (1968) einen Befall von etwa 40 %, darunter mit *S. typhimurium* und *S. enteritidis,* an.

Der Igel wird in vielen europäischen Ländern als ausgesprochenes Leptospirosereservoir bezeichnet. Bei den erwachsenen Tieren wird von den verschiedenen Autoren eine Befallsquote von etwa 40 % angegeben. Junge, noch nicht geschlechtsreife Tiere scheinen nur in den seltensten Fällen infiziert zu sein, so daß angenommen wird, daß die Ansteckung überwiegend erst durch die Paarung erfolgt.

Es wurden in Europa beim Igel u. a. *L. grippotyphosa* (Feldfieber), *L. icterohaemorrhagiae* (Morbus Weil), *L. pomona* (Schweinehüterkrankheit) und in Israel *L. canicola* (Canicolafieber) gefunden. Da die Pfleglinge jedoch fast ausschließlich Jungtiere sind, sollte eine mögliche Ansteckungsgefahr nicht überbewertet werden. Beim Betreuer erwachsener Tiere, meist sind es Unfallpatienten, wird ein zusätzlicher Hinweis zur Hygiene empfehlenswert sein.

Von den bisher bekannten Viruserkrankungen des Igels scheint als Zoonose nur die Tollwut eine gewisse, wenn auch sehr unbedeutende Rolle zu spielen. Die außerordentliche Gefährlichkeit dieser Erkrankung für den Menschen verpflichtet trotzdem zu größter Vorsicht. Schon im Abschnitt „Welche Igel sind pflegebedürftig?" wurde ein diesbezüglicher Hinweis für die Betreuer gegeben.

Widerstandsfähigkeit des Igels gegen Gifte

Sehr viele Autoren (Brehm, 1890; Pawlowsky, 1927; Karsten, 1933; Herter, 1938, 1952; Poduschka, 1971; Versluys, 1975) berichten über eine große Resistenz des Igels gegen Gifte.

Poduschka (1971) schreibt, daß die Heilkunde noch bis vor kurzem mit „Igeleinheiten" rechnete, d. h., die Maßeinheit eines Medikamentes wurde nach der Giftbeständigkeit des Igels festgelegt.

Als klassisches Beispiel der Widerstandsfähigkeit gegen Gifte bezeichnet Pawlowsky (1927) den Igel, der gegen Schlangengift, Krotonöl und Cantharidin wenig empfindlich ist und eine universelle Immunität auf Skorpiongift besitzt.

Brehm (1890) zitiert Lenz: „Sie (die Kreuzotter) begann zu zischen und biß ihn (den Igel) mehrmals in die Schnauze und die Lippen ... Endlich packte er schnell den Kopf der Schlange, zermalmte ihn, trotz ihres Sträubens, samt Giftzähnen und Giftdrüsen zwischen seinen Zähnen und fraß dann weiter bis zur Mitte des Leibes ... Seitdem hat der Igel oftmals mit gleichem Erfolge gekämpft, und immer zeigte es sich, daß er den Kopf jedesmal zuerst zermalmte, während er dies bei giftlosen Schlangen ganz und gar nicht berücksichtigte."

Nach Karsten (1933) ist die Widerstandsfähigkeit gegen Schlangengift etwa 40mal so groß wie beim Meerschweinchen. Die Kreuzotter führe aber kaum soviel Gift bei sich, als nötig wäre, den Igel ernstlich zu gefährden. Der Igel setzt sich jedoch nicht schutzlos den Bissen der Kreuzotter aus. Er beugt beim Angriff die Schnauze nach unten, so daß die Stacheln des Kopfes scharf nach vorn gerichtet sind. Die Schlange vergeudet dann in nutzlosen Bissen in das Stachelkleid ihr Gift. Nachdem der Igel die Schlange vorsichtig umkreist hat, packt er sie und beißt ihr das Rückgrat durch, faßt die Schlange nun hinter dem Kopf ins Genick und beißt die Halswirbel durch, dann verzehrt er sie.

Herter (1938) berichtet, daß Igel an Kreuzotterbissen sterben können.

Er bezieht sich hierbei auf Beobachtungen von Schreitmüller (1909) und Manniche (1935). Schreitmüller ließ 2 Igel von je einer Kreuzotter in die Schnauze beißen. Beide Igel zeigten sofort Störungen des Allgemeinbefindens, nahmen keine Nahrung mehr auf, tranken dagegen sehr viel und starben nach etwa 3 Stunden. Manniche berichtete, daß ein Igel, der von 2 Kreuzottern in die Schnauze gebissen wurde, noch 8 Tage lebte und während dieser Zeit keine Nahrung mehr aufnahm, sondern nur noch trank.

Jedoch sind das Ausnahmefälle, im allgemeinen scheint der Igel durch eine Kreuzotter nicht getötet zu werden.

Der Igel verträgt auch komplikationslos die Aufnahme großer Mengen giftiger Insekten, so z. B. die „Spanische Fliege", die das Gift Cantharidin enthält. 4 mg Cantharidin reichen aus, einen Menschen von 80 kg KM zu töten; ein Igel wird erst bei 100 mg Cantharidin sterben (Versluys, 1975).

Bienen, Wespen und Hummeln werden oft in großen Mengen verzehrt und stechen dabei sicher ab und zu. Ein Igel, der von 52 Bienen gestochen wurde, zeigte keine Beschwerden (Herter, 1952).

Auch die Widerstandsfähigkeit des Igels gegen andere Gifte ist erstaunlich, so verträgt er 70mal so viel Diphtherietoxin wie ein Meerschweinchen, und seine Unempfindlichkeit gegen Tetanustoxin ist, auf kg berechnet, 7000mal so groß wie beim Menschen (Karsten, 1933).

Gegen Blausäure (Pawlowsky, 1927) besitzt der Igel ebenfalls eine erhebliche Widerstandsfähigkeit. Versluys (1975) berichtet, daß eine Menge Blausäure, die ausreicht, um 5 Katzen zu töten, einen Igel nicht belastet.

Die Resistenz des Igels gegen Arsen, Sublimat, Opium und Chloroform ist nach Herter (1952) im Verhältnis zu anderen Tieren und dem Menschen sehr groß.

Karsten (1933) schreibt allerdings, der Igel sei gegen Morphin und Strychnin so empfindlich wie andere Tiere.

Selbst konnte ich eine hohe Widerstandsfähigkeit gegen Brevinarcon (Ethylbutylthiobarbital-Natrium) feststellen (siehe Abschnitt „Euthanasie"). Die letale Dosis beträgt, intraperitoneal appliziert, je nach Körpermasse und Allgemeinzustand des Igels, 0,5 bis 2,0 g, bei der Maus sind es etwa 130 mg/kg KM (Meinecke, 1969). Man kann also schlußfolgern, daß die letale Dosis beim Igel etwa 15mal so hoch wie bei der Maus ist.

Im Gegensatz zur Widerstandsfähigkeit des Igels gegen diverse natürliche und synthetische Gifte würde die große Empfindlichkeit des

Tieres gegen Schneckengifte (Molluskizide) stehen, die zwar überwiegend von Laien, aber auch von Fachleuten immer wieder hervorgehoben wird. Jeder mit der Behandlung von Igeln vertraute Tierarzt weiß, daß die orale Applikation eines Medikamentes auf große oder sogar unüberwindliche Schwierigkeiten stößt, wenn die Geschmacksrichtung des Igels hierbei nicht berücksichtigt wird. Es erscheint also fragwürdig, ob der Igel die mit Bitterstoffen vergällten Schneckengifte überhaupt aufnimmt.

Isenbügel (1976) schreibt: „Eigene Futterversuche haben gezeigt, daß eine Schädigung des Igels durch die in Futterkerbtieren angereicherten Insektizide diesen stärker bedrohten als die Direktaufnahme von Schneckenködern, deren Akzeptanz weder im Substanzangebot noch über frischtote Schnecken zu erreichen war."

Schlatter (1977) kommt auf Grund seiner Versuche zu folgenden Schlußfolgerungen:

1. Schneckengift wirkt auf Igel abstoßend.
2. Vergiftete Schnecken sind ungiftig.
3. Die denkbare, aber praktisch nicht vorkommende Aufnahme größerer Mengen Schneckenköder würde beim Igel nicht zu Schädigungen führen.

Allerdings gibt Berthoud (1981) an, daß bei 37 von ihm untersuchten toten Igeln bei 24 Tieren Metaldehyd als Todesursache nachgewiesen werden konnte und auch Poduschka, Saupe und Schütze (1981), Lienhardt (1986) u. a. halten trotz der Versuche von Schlatter und Isenbügel Schneckengift für eine große Gefahrenquelle für den Igel.

Bei meinen weit über 1000 Igelpatienten konnte, im Gegensatz z. B. zum Hund, nie die Verdachtsdiagnose Metaldehydvergiftung ausgesprochen werden. Igel, bei denen Krämpfe, Zittern, Speicheln, Erbrechen und Lähmungen auftraten, waren alle bereits mehrere Monate in Gefangenschaft und hatten dort weder mit Schnecken noch mit Schneckengift Kontakt. Einige Überbringer hatten auch hier die Diagnose Vergiftung bereit, die sich jedoch nie bestätigte. Grünbaum (1986) sagt sehr richtig: Vergiftungen werden von Tierhaltern sehr häufig vermutet, sind jedoch relativ selten. Besonders plötzlich auftretende und perakut verlaufende Erkrankungen lösen immer wieder einen zumeist unbegründeten Vergiftungsverdacht aus, vor dessen leichtfertiger Äußerung oder Bestätigung sich jeder Tierarzt hüten sollte.

Solange allerdings nur der geringste Verdacht einer möglichen Gefährdung des Igels durch Schneckengift oder vergiftete Schnecken besteht, sollte unbedingt von einer Anwendung chemischer Schneckenvertilgungsmittel abgesehen werden. Dieses auch deshalb, weil Molluskizide zumindest beim Hund immer wieder zu tödlichen Vergiftungen führen und eine Schädigung anderer Säugetiere und Vögel nicht auszuschließen ist.

Literatur

agra-Broschüre, Empfehlungen für die Praxis. Leitfaden für die Naturschutzarbeit in der DDR. Bestellnummer S 986. 1980. S. 58.

Ahlbrecht, W. (1931): Der Igel als Jagdschädling. Deutsches Weidwerk 36, 348.

Altum, B. (1883): Lehrbuch der Zoologie. Herdersche Verlagshandlung, Freiburg in Breisgau.

André, P. (1966): Isolation of Listeria monocytogenes from a hedgehog. Annls Inst. Pasteur (Paris) 111, 225. Ref. in: Vet. Bull. 37, 9 (1967).

Andreani, E., und Secchiari, P. (1971): Presence of Salmonellae in domestic and wild animal feeds. Ann. della. Fac. Med. Vet. di Pisa 23, 60. Ref. in: Vet. Bull. 42, 127 (1972).

Angermann, Renate (1978): Die Igel Erinaceus europaeus und Erinaceus roumanicus – Kenntnisstand und Probleme. Säugetierk. Inform. H. 2, 33.

Artenschutzbestimmung s. Erste Durchführungsbestimmung zur Naturschutzverordnung..

Babudieri, B., und Farina (1964): The Leptospirae of the Italian hedgehog. Path. Microbiol. (Basel) 27, 103. Ref. in: Vet. Bull. 34, 455 (1964).

Baruš, V., und Blažek, K. (1971): The life cycle and the pathogenicity of the nematode Crenosoma striatum. Folia Parasitologica (Praha) 18, 215.

Barutzki, D., Schmid, K., und Heine, J. (1984): Untersuchungen über das Vorkommen von Endoparasiten beim Igel. Berl. Münch. Tierärztl. Wschr. 97, 215.

Bauer, C., und Stoye, M. (1984): Ergebnisse parasitologischer Kotuntersuchungen von Equiden, Hunden, Katzen und Igeln der Jahre 1974 bis 1983. Dtsch. Tierärztl. Wschr. 91, 255.

Bauer, C. (1987): persönliche Mitteilung.

Berns, Sabine (1983): Untersuchungen über die Physiologie, Biologie und Krankheiten des Igels (Erinaceus europaeus). Vet.-med. Diss., Gießen.

Berthoud, G. (1981): Le causes de mortalité chez le herisson (Erinaceus europaeus L.) en Suisse. – Travail financé par le WWF Suisse. Zit. nach Dietzen und Obermaier.

Bestajovsky, Claudia (1976): Egel te gast. Verlag Thieme u. Cie, Zutphen.

Bocheński, Z. (1960): The diet of the eagle-owl Bubo bubo (L.) in the Pieniny Mts. – Acta Zool. crac. 5, 311. Zit. nach Piechocki.

Boitani, L., und Reggiani, Gabriella (1984): Movements and activity patterns of hedgehogs (Erinaceus europaeus) in Mediterranean coastal habitats. Z. f. Säugetierkunde **49**, 193.

Bonath, K. (1969): Urolithiasis und ihre operative Behandlung bei einem Igel. Kleintierpraxis **14**, 105.

Brehm, A. (1890): Brehms Tierleben, Säugetiere, 2. Band. Bibliographisches Institut, Leipzig und Wien, S. 385.

Brockhaus ABC Biologie (1967). VEB F. A. Brockhaus Verlag, Leipzig, S. 845.

Brockie, R. E. (1964): Dental abnormalities in European and New Zealand hedgehogs. Nature (London) **202**, 1355. Zit. nach Versluys.

Brockie, R. E. (1974): The hedgehog mange mite, Caparina tripilis, in New Zealand. New Zealand Vet. J., 234.

Carlson, Annette (1981): Diagnose und Therapie der Parasitosen der Igel. Prakt. Tierarzt **62**, 73.

Carter, W. I. (1955): A case of human parasitization by Ixodes hexagonus Leach (hedgehog tick). Brit. Med. J. **II**, 1012. Zit. nach Versluys.

Dietzen, W., und Obermaier, E. (1986): Igelschutz – aber richtig. Bestandssituation und Wertung der Überwinterung von Igeln (Erinaceus europaeus L.) in menschlicher Obhut. Wildbiologische Gesellschaft München e. V.

Droste zu Hülshoff, Vera von (1980): Der Igel im alten Ägypten. Hildesheimer Ägyptologische Beiträge **11**, Hildesheim, Gerstenberg-Verlag.

1. Durchführungsverordnung zum Landeskulturgesetz – Schutz und Pflege der Pflanzen- und Tierwelt und der landschaftlichen Schönheiten – (Naturschutzverordnung) vom 14. Mai 1970 (GBl. II, Nr. 46, S. 331).

1. Durchführungsbestimmung zur Naturschutzverordnung – Schutz von Pflanzen- und Tierarten – (Artenschutzbestimmung) vom 1. Oktober 1984 (GBl. I, Nr. 31, S. 385).

Ebener, D. (1984): Funkelnd wie Blitze, so grell. Epigramme aus der Griechischen Anthologie. Verlag Philipp Reclam jun. Leipzig, S. 65.

Eigener, W. (1971): Enzyklopädie der Tiere, Band 2. Neumann Verlag, Radebeul, S. 402.

Eisentraut, M. (1953): Vergleichende Beobachtungen über das Sichbespukken bei Igeln. Z. f. Tierpsychologie **10**, 50.

Ektvedt, R., und Hanssen, I. (1974): E utbrud av botulisme hos storve. Norsk Vet. Tidsskr. **86**, 285. Ref. in: Tijdschr. Diergeneesk. **100**, 115 (1975).

Esser, J. (1984): Untersuchung zur Frage der Bestandsgefährdung des Igels (Erinaceus europaeus) in Bayern. Ber. ANL **8**, 22.

Esser, J. (1985): Hände weg von den Stacheltieren! Das Tier **25**, Heft 10, 20.

Esser, J., und Neumeier, Monika (1986): Wir tun was für die Igel. Franz Schneider Verlag GmbH, München.

Eulenberger, K. (1980): Krankheiten der Igel, In: Meyers Taschenlexikon Heimtiere. VEB Bibliographisches Institut, Leipzig, S. 115.

Farina, R., Marraghini, N., und Andreani, E. (1964): Epidemiological role of wild animals in leptospirosis; hedgehogs. Atti Soc. ital. Sci. vet. **16**, 489. Ref. in: Vet. Bull. **34**, 84 (1964).

Fehr, M. (1984): Narkose bei Heimtieren. Kleintierpraxis **29**, 314.

Fink, H.-G. (1983): persönliche Mitteilung.

Förster, U., Wachendorfer, G., und Krekel, H. (1977): Untersuchungen zum Nachweis von Tollwutvirus bei Nagern und Insektivoren. Ein Beitrag zur Epidemiologie der Tollwut. Berl. Münch. tierärztl. Wschr. **90**, 335.

Fratzky, Christa (1983): persönliche Mitteilung.

Fritzsche, Helga (1983): Igel als Wintergäste: 3. Auflage. Gräfe und Unzer GmbH, München, S. 44.

Furmaga, S. (1961): Materials to the helminth fauna of hedgehogs Erinaceus roumanicus Barrett-Hamilton. Acta Parasitologica Polonica **9**, 441.

Ganser, O. (1921): Sympathie und Zaubermedizin. Verlag von Max Altmann, Leipzig, 1. und 2. Auflage. Zit. nach Krüger.

Gesetz über die planmäßige Gestaltung der sozialistischen Landeskultur in der Deutschen Demokratischen Republik. – Landeskulturgesetz – vom 14. Mai 1970 (GBl. I, S. 67).

Gleitsmann, H. A. (1937): Zu: Allerlei über den Igel. Deutsche Jagd **22**, 496.

Göranson, G., Karlsson, I., und Lindgren, A. (1976): Igelkotton och biltrafiken. Fauna och Flora **1**. Zit. nach Poduschka, W., Saupe, E.. Schütze, H.-R.

Gottschalk, R. (1968): Wie Pflanzen und Tiere wurden. Urania-Verlag, Leipzig, Jena, Berlin, S. 198.

Gregory, M. W. (1975): Observations on vocalisation in the Central African Hedgehog, Erinaceus albiventris, including a courtship call. Mammalia **39**, 1.

Gregory, M. W. (1981): Another prickly problem. Vet. Rec. **109** (5), 107.

Gronefeld, G. (1979): Vom Medizinaldirektor zum Igeldoktor. Das Tier, Heft 10, 28.

Grosshans, W. (1983): Zur Nahrung des Igels (Erinaceus europaeus L. 1758). Zool. Anz. Jena **211**, 5/6, 364.

Grünbaum, E.-G. (1982): Ernährung und Diätetik von Hund und Katze. VEB Gustav Fischer Verlag, Jena, S. 62.

Grünbaum, E.-G. (1986): In: Freudiger, Grünbaum und Schimke: Klinik der Hundekrankheiten. VEB Gustav Fischer Verlag, Jena, S. 971.

Grzimek, B. (1977): Säugetiere I. Kindler-Verlag AG, Zürich, S. 192.

H. (1937): Allerlei über den Igel. Deutsche Jagd 7, 309.

Hahn, O. (1986): Der Igel – liebenswertes Stacheltier. Verlag Herder, Freiburg im Breisgau.

Hempel, W., und Schiemenz, H. (1978): Unsere geschützten Pflanzen und Tiere. 2. Auflage. Urania Verlag, Leipzig, Jena, Berlin, S. 135.

Herter, K. (1938): Die Biologie der europäischen Igel. Verlag Dr. Paul Schöps, Leipzig.

Herter, K. (1952): Igel. Die Neue Brehm-Bücherei, Heft 71. Akademische Verlagsgesellschaft Geest u. Portig K.-G., Leipzig.

Hilgenfeld, M. (1965): Toxoplasmose bei Zootieren. Zool. Garten **30**, 262.

Horsch, F., Klockmann, I., Jenetzky, Barbara, Drechsler, H., und Löbnitz, P.

160 Literatur

(1970): Untersuchungen von Wildtieren auf Leptospirose. Mh. Vet.-Med. **25**, 634.

Igelmerkblatt: „Wissenswertes über Igel." Zoologischer Garten Leipzig.

Isenbügel, E. (1976): Untersuchung, Fütterung und Haltung des Igels. Prakt. Tierarzt, colleg. vet. 57, 21.

Isenbügel, E., und Frank, W. (1985): Heimtierkrankheiten. Verlag Eugen Ulmer, Stuttgart, S. 140.

Jäger, G. (1874): Deutschlands Thierwelt. Verlag von A. Kröner, Stuttgart, S. 174.

Jantschke, F. (1987): Geheimnisträger Igel. Das Tier, Heft 4, 32.

Karsten, K. (1933): Ist der Igel giftfest? Kosmos **30**, 212.

Kienert, Waltraud (1983): persönliche Mitteilung.

Kinkelin, Maria Julia (1986): Heimliche Gefährten der Nacht. 3. Auflage. Eugen Salzer-Verlag, Heilbronn.

Klieneberger, C. (1927): In: Cohrs, Jaffé, Meessen: Pathologie der Laboratoriumstiere. Springer-Verlag, Berlin–Göttingen–Heidelberg 1958, 1. Band, S. 229.

Klose, H. (1924): Die Naturdenkmäler der Mark. In: Märkisches Heimatbuch. 2. Auflage. Emil Hartmann, Buchdruckerei und Verlag, Berlin, S. 88.

Koelsch, A. (1925): Der Mechanismus des Winterschlafes. Kosmos **22**, 14.

Kozuch, O., Nosek, I., und Lichard, M. (1966): Survival of tick-borne encephalitis virus in the tick Ixodes ricinus and the transmittal of this virus to the hedgehog, Erinaceus roumanicus. Zbl. Bakt. Parasit.-Kde I (Orig.) **199**, 152., Ref. in: Vet. Bull. **36**, 574 (1966).

Kramm, H. (1979): Zur Injektionstechnik am Igel (Erinaceus europaeus L.). Prakt. Tierarzt **60**, 320.

Kratochvil, J. (1974): Das Stachelkleid des Ostigels (Erinaceus concolor roumanicus). Acta Sc. Nat. Brno **11**, 8, 1. Zit. nach Angermann.

Kristofferson, R. (1971): A note of age distribution of hedgehogs in Finland. Ann. Zool. Fennici **8**, 554.

Krüger, H. (1984): Die Dreckapotheke und ihre Relikte im medizinischen Aberglauben des 20. Jahrhunderts. Mh. Vet. Med. **39**, 708.

Krumbiegel, G., und Krumbiegel, Brigitte (1980): Fossilien der Erdgeschichte: VEB Deutscher Verlag für Grundstoffindustrie, Leipzig, S. 311, S. 343.

Kruuk, H. (1964): Predators and anti-predator behaviour of the black-headed gull (Larus ridibundus L.). Behaviour, Supplement **11**, 1.

Kühne, Helga (1984): Überwintern Pflegeigel im Kalten besser? Igel Gazette **2**, Heft 4.

Kuttin, E. S., Beemer, A. M., und Gerson, H. (1977): A dermatitis in a hedgehog associated with sarcoptes scabiei and fungi. Mykosen **20**, 51.

Lämmler, G., und Saupe, E. (1968): Infektionsversuche mit dem Lungenwurm des Igels Crenosoma striatum (Zeder, 1800). Z. f. Parasitenkunde **31**, 87.

Lakatos, Menyhért (1984): Csandras Karren. Verlag Volk und Welt, Berlin, S. 80.

Lange, A. (1984): Angeborenes Fehlen der rechten Vorderextremität (Monomelia anterior dextra) bei einem männlichen Igel. Kleintierpraxis **29**, 392.

Laubmeier, Elisabeth (1985): Untersuchungen über die Endoparasiten des Igels (Erinaceus europaeus) bei freilebenden und in menschlicher Obhut überwinternden Tieren sowie Entwurmungsversuche mit Ivermectin. Vet.-med. Diss., München.

Leunis, J. (1883): Synopsis der Thierkunde. Hannover, Hahnsche Buchhandlung. S. 207.

Lienhardt, Gisela (1979): Beobachtungen zum Verhalten des Igels (Erinaceus europaeus) und seine Überlebensmöglichkeit im heutigen Biotop. Zoologische Beiträge **25**, 447.

Lienhardt, Gisela (1982): Beobachtungen zur Morphologie, Jugendentwicklung und zum Verhalten von Weißbauchigeln Erinaceus albiventris (Atelerix pruneri [Wagner 1841]) in Gefangenschaft. Säugetierkundliche Mitteilungen **30**, 251.

Lienhardt, Gisela (1986): „Ungiftiges" Schneckengift? Igel-Informationszentrale Zürich.

Lienhardt, Gisela (1986): persönliche Mitteilung.

Lindemann, W. (1951): Zur Physiologie des Igels. Z. f. Tierpsychologie **8**, 224.

Löns, H. (1947): Mümmelmann. Der Zaunigel. Adolf Sponholz Verlag, Hannover, S. 75

Majeed, S. K., und Cooper, J. E. (1984): Lesions associated with a capillaria infestation in the European hedgehog (Erinaceus europaeus). J. Comp. Path. **94**, 625.

Matthews, P. R. J., und McDiarmid, A. (1974): Mycobacterium avium infection in freeliving hedgehods (Erinaceus europaeus L.). Research in Vet. Science **22**, 388. Ref. in: Vet. Bull. **47**, 826 (1977).

Matthiesen, Th., und Kunstýř, I. (1974): Lungenwurmbefall (Crenosoma striatum) beim Igel. Berl. Münch. tierärztl. Wschr. **87**, 479.

Matuschka, F.-R. (1984): Endodyogeny in Isospora rastegaievae from the Eurasian hedgehog (Erinaceus europaeus L.). Parasitology **88**, 9.

Meinecke, Christine (1969): In: Bentz: Nutztiervergiftungen, Erkennung und Verhütung. VEB Gustav Fischer Verlag, Jena, S. 268.

Meyer, R. (1983): persönliche Mitteilung.

Meyers Konversationslexikon (1980). 4. Auflage, 8. Band. Verlag des Bibliographischen Instituts Leipzig und Wien, S. 881.

Mituch, J. (1964): Beitrag zur Erkenntnis der Helminthenfauna des Igels (Erinaceus europaeus roumanicus Bar.-Hamilton, 1900). Studia Helminthologica **1**, 101.

Mohr, Erna (1936): Osteuropäischer und Wanderigel in Gefangenschaft. Z. f. Säugetierkunde **11**, 242.

Morris, P. (1977): Pre-weaning mortality in the hedgehog (Erinaceus europaeus). J. Zool., Lond. **182**, 162.

Morris, P. (1984): Alles über Igel. Albert Müller Verlag, Rüschlikon–Zürich–Stuttgart–Wien.

Neumeier, Monika (1979): Zur Gewichtsentwicklung der Igel, Erinaceus europaeus Linné, 1758, während der Überwinterung in menschlicher Obhut. Säugetierkundliche Mitteilungen **27**, 182.

Neumeier, Monika (1983): Merkblatt zur Überwinterung junger Igel.

Neumeier, Monika (1985): persönliche Mitteilung.

Neumeier, Monika (1987): Der „Stachellose". Igel Gazette **5**, Heft 11.

Neuschulz, N. (1986): Leben und Schutz des Igels. Herausgeber: Zoologischer Garten Magdeburg. Druck: Volksstimme Magdeburg.

o. V. (1972): Kleine Winke – Igelkrankheiten und deren Behandlung. Tierärztl. Umschau **27**, 197.

Pawlowsky, E. N. (1927): Gifttiere und ihre Giftigkeit. Gustav Fischer Verlag, Jena, S. 4, S. 56.

Piechocki, R., und März, M. (1985): Der Uhu, Bubo bubo. 5. Auflage. Die Neue Brehm-Bücherei. A. Ziemsen Verlag, Lutherstadt Wittenberg. S. 88.

Poduschka, W. (1969): Ergänzungen zum Wissen über Erinaceus e. roumanicus und kritische Überlegungen zur bisherigen Literatur über europäische Igel. Z. Tierpsychol. **26**, 761.

Poduschka, W. (1971): Igel hören, wo wir taub sind. Das Tier **11**, Heft 8, 4.

Poduschka, W. (1972): Igel können herzige Pfleglinge werden. Das Tier **12**, Heft 4, 47.

Poduschka, W., und Kieliger, F. (1972): Zur medizinischen Betreuung des Igels (Erinaceus europaeus u. Erinaceus roumanicus). Kleintierpraxis 17, 192.

Poduschka, W. (1979): Xerophthalmie bei einem Igel. Kleintierpraxis 24, 43.

Poduschka, W. (1981): Steißgeburt bei Hemiechinus auritus syriacus. Biol. Rdsch. **19**, 234.

Poduschka, W., und Poduschka, Christl (1983 a): Kreuzungsversuche an mitteleuropäischen Igeln (Erinaceus concolor roumanicus B.-Ham., 1900 × Erinaceus europaeus L., 1758). Säugetierkundliche Mitteilungen **31**, 1.

Poduschka, W., und Poduschka, Christl (1983 b): Klimaeinflüsse auf Fruchtbarkeit, Wachstum und Verbreitung des Igels in Mittel- und Nordeuropa. Aus den Sitzungsberichten der Österreichischen Akademie der Wissenschaften Mathem.-naturw. Kl., Abt. I, 192. Bd., 1. bis 4. Heft. 21.

Poduschka, W., Saupe, E., und Schütze, H.-R. (1984): Das Igelbrevier. 6. Auflage, verlegt bei Vertriebsgesellschaft für Landmaschinen, Ebikon-Luzern.

Rabies Bulletin Europe (1/78 bis 4/82): WHO Collaborating Centre for Rabies Surveillance and Research.

Raths, P., und Biewald, G. A. (1970): Tiere im Experiment. Urania-Verlag Leipzig – Jena – Berlin, S. 121.

Reichholf, J., und Esser, J. (1981): Daten zur Mortalität des Igels (Erinaceus europaeus), verursacht durch den Straßenverkehr. Z. f. Säugetierkunde **46**, H. 4, 216.

Schicht, Maartje (1981): Der Igel als gelegentlicher Patient in der Kleintierpraxis. Abschlußarbeit im Rahmen der Fachtierarztausbildung „Fachtierarzt für kleine Haus- und Pelztiere."

Schicht, Maartje (1982): Zur Problematik des Igels in der tierärztlichen

Praxis. Vortrag, wissenschaftliche Tagung: Das Heimtier. Karl-Marx-Universität Leipzig.

Schicht, Maartje (1984): Merkblatt zur Betreuung untergewichtiger Herbstigel. Herausgeber: Beirat für Tierschutz und Tierhygiene der Hauptstadt der DDR Berlin.

Schicht-Tinbergen, Maartje (1986): Bericht über die Anwendung von Ivomec zur Parasitenbekämpfung beim Igel (unveröffentlicht).

Schicht-Tinbergen, Maartje (1987): Erfahrungen bei der tierärztlichen Betreuung der Igel in Berlin – Hauptstadt der DDR. Vortrag. Igelsymposium. Bitburg.

Schlatter, Ch. (1977): Gefährdung der Igel durch Schneckengift? Postertext. Institut für Toxikologie der Eidgenössischen Technischen Hochschule und der Universität Zürich.

Schmidt, Eva (1971): Spielzeug und Spiele der Kinder im klassischen Altertum. Südthüringer Forschungen 7/71, Meiningen, S. 27.

Schmidt-Lindenhart (1929): Weitere Beiträge über die Schädlichkeit des Igels. Wild und Hund **35**, 261.

Schubert, M. (1983): persönliche Mitteilung.

Schubert, M., und Röder, Gerda (1987): Bericht über die Überwinterung juveniler Igel im Freigehege (unveröffentlicht).

Schütz, H. (1932): Stachelig, grob – aber doch von echtem Schrot und Korn. Kosmos **29**, 335.

Schütze, H.-R. (1980): Nachweis, Vorkommen, Entwicklung und Behandlung wichtiger Parasiten des Igels (Erinaceus europaeus L.). Prakt. Tierarzt, colleg. vet. **61**, 142.

Schütze, H.-R. (1983): Die Parasiten des Igels: Ein Problem in der tierärztlichen Praxis. Fortschritte der Veterinärmedizin. Heft 37: 15. Kongreßbericht, 280. Verlag Paul Parey, Berlin und Hamburg.

Sedletzky, Ursel (1981): Persönliche Mitteilung.

Sedlag, U. (1974): Die Tierwelt der Erde. Urania-Verlag, Leipzig – Jena – Berlin, S. 134.

Seffner, W. (1981): Osteomalazie bei einem Igel. Mh. Vet.-Med. **36**, 558.

Sgonina, K. (1935): Die Reizphysiologie des Igelflohes (Archaeopsylla erinacei Bouché) und seiner Larve. Z. f. Parasitenkunde **7**, 538.

Sgonina, K. (1936): Über das Lernen von Meerschweinchen und Igeln. Zool. Anz. **114**, 168.

Shaul, D. M. B. (1962): The composition of the milk of wild animals. Int. Zoo Yearbook IV, 333. Zit. nach Versluys.

Smith, J. M. B. (1968): Disease of Hedgehogs. Vet. Bull. **38**, 425.

Springer, M. (1980): Igel. In: Meyers Taschenlexikon Heimtier. VEB Bibliographisches Institut, Leipzig, S. 114.

Steck, F., Wandeler, A., Nydegger, B., Manigley, C., und Weiss, M. (1980): Tollwut in der Schweiz 1967–78. Schweiz. Arch. Tierheilk. **122**, 605.

Steinle, K. (1974): Unsere Igel. Lehrmeister-Büch., Bd. 694, Minden.

Stieve, H. (1948): Zur Fortpflanzungsbiologie des Igels. Verhandlungen der

Deutschen Zoologen in Kiel. Akademische Verlagsgesellschaft Geest u. Portig K.-G., Leipzig 1949, S. 253.

Swierstra, D., Jansen, J. Jr., und van der Broek, E. (1959): Parasites of animals in the Netherlands. Tijdschr. Diergeneesk. **84**, 79.

Széky, A., und Kemenes, F. (1966): Über das Vorkommen der Igelleptospirose in Ungarn mit besonderer Berücksichtigung ihrer pathohistologischen Nierenveränderungen. Zoöl. Garten **33**, 79.

Tadmor, A., und Rauchbach, K. (1972): Zum Vorkommen von Räude beim Igel (Erinaceus europaeus Linné). Berl. Münch. tierärztl. Wschr. **85**, 214.

Tan, R. J. S., Davey, G. P., und Smith, J. M. B. (1971): A strain of Mycoplasma from shorteared European hedgehog (Erinaceus europaeus). Ref. in: Vet. Bull. **42**, 9 (1972).

Tierparkmerkblatt Nr. 9. Tierpark Berlin.

Tierseuchenberichte der DDR.

Timme, Antje (1980): Krankheits- und Todesursachen beim Igel (Erinaceus europaeus L.). Sektionsfälle 1975 bis 1979. Prakt. Tierarzt **61**, 744.

Tinbergen, N. (1965): Von den Vorratskammern des Rotfuchses (Vulpes vulpes L.). Z. f. Tierpsych. **22**, 119.

Tinbergen, N. (1986): persönliche Mitteilung.

Versluys, Seeske (1975): Wel en wee van de egel (Erinaceus europaeus). Diergeneeskundig Memorandum **22**, 235.

v. M. A. (1929): Weitere Beiträge über die Schädlichkeit des Igels. Wild und Hund **35**, 263.

Vogel, G., und Angermann, H. (1979): Taschenbuch der Biologie. VEB Gustav Fischer Verlag, Jena, S. 4, S. 56.

Walhovd, H. (1981): Body Temperature Relations in Suckling Hedgehogs. Acta Theriologica, **26**, 34, 499.

Walhovd, H. (1984): The Breeding Habits of the European Hedgehog in Denmark. Zschr. f. Säugetierkunde **49**, 269. Zit. nach Hahn.

Weinzierl. H. (1957): Verkehrsopfer Igel. Kosmos **53**, 620.

Wenzel, U. D., Sachse, Margit, und Arnold, P. (1977): Ein Beitrag zum Blutbild vom Igel (Erinaceus europaeus Linné 1758). Zool. Garten **47**, 273.

Wilke (1928): Der Igel als Engerlingsvertilger. Deutsche Forstzeitung **43**, 1080

Wittich, E. (1910): Ein Zigeuner über den Igel als Mäusefänger. Zit. nach Fr. R., Kosmos **7**, 264.

Wittig, W. (1987): Escherichia-coli-Infektionen. In: Beer, J.: Infektionskrankheiten der Haustiere, Teil 2. 3. Auflage, VEB Gustav Fischer Verlag, Jena.

Wojkowsky, A., und Schneider, W. (1973): Erfahrungen mit Ketanest beziehungsweise Vetalar in der Kleintierpraxis. Kleintierpraxis **18**, 44.

Wolf, J. (1939): Die Empfänglichkeit des Igels für die Maul- und Klauenseuche. Berl. Münch. tierärztl. Wschr. **52**, 4.

Wolff, J. W., und Bohlander, H. J. (1965): Leptospiral infections of hedgehogs in the Netherlands. Trop. geogr. Med. **17**, 2. Ref. in: Vet. Bull. **36**, 355 (1966).

World Survey of Rabies, XVIII, XIX, XX. Veterinary Public Health Unit of Communicable Diseases, WHO, Geneva.

Zuhrt, R. (1958): Zahnfleischerkrankung beim Igel als Todesursache. Zool. Garten **24**, 74.

Sachregister